曾丽华/著

打开你的心结
—— 技校学生心灵成长导航

Dakai Nide Xinjie
Jixiao Xuesheng Xinling Chengzhang Daohang

化学工业出版社
·北京·

本书是一本技校学生心灵成长的励志图书，根据技校学生心理咨询时存在的最普遍的问题，每章首先以心理咨询案例导读引出技校学生存在的心理问题，然后通过 25 位技校学生心灵成长的真实故事和作者透彻的分析、阅读链接以及心理调适方法，使技校学生能正确面对生活中经历的苦难和挫折，勇敢面对失恋的痛苦和打击，克服自卑心理、冲动心理、就业焦虑心理等最常见的心理问题，并掌握与此有关的心理调适方法。

本书既可以作为技校学生心灵成长的励志读本，也可作为技校学生自我心理保健的课外读物，还可以作为技校老师和班主任开展技校学生心理健康教育的参考书。

图书在版编目（CIP）数据

打开你的心结——技校学生心灵成长导航/曾丽华著.
北京：化学工业出版社，2012.4
ISBN 978-7-122-14146-0

Ⅰ.打… Ⅱ.曾… Ⅲ.心理健康-健康教育-技工
学校-教学参考资料 Ⅳ.G479

中国版本图书馆 CIP 数据核字（2012）第 082816 号

责任编辑：窦 臻 李 倩　　　　文字编辑：昝景岩
责任校对：王素芹　　　　　　　装帧设计：韩 飞

出版发行：化学工业出版社（北京市东城区青年湖南街 13 号　邮政编码 100011）
印　　刷：北京云浩印刷有限责任公司
装　　订：三河市前程装订厂
710mm×1000mm　1/16　印张 13¾　字数 251 千字　2012 年 7 月北京第 1 版第 1 次印刷

购书咨询：010-64518888（传真：010-64519686）　　售后服务：010-64518899
网　　址：http://www.cip.com.cn
凡购买本书，如有缺损质量问题，本社销售中心负责调换。

定　价：26.00 元　　　　　　　　　　　　　版权所有　违者必究

编委会

序

2002年8月，国务院颁发的《国务院关于大力推进职业教育改革与发展的决定》中明确提出：技工教育作为职业教育中的排头兵，应该把心理健康教育提升到十分重要的地位，把心理健康教育工作落到实处。因此，职业教育要加强"爱岗敬业、诚实守信、办事公道、服务群众、奉献社会"的职业道德教育，要加强职业能力教育和心理健康教育。

2004年7月，教育部印发的《中等职业学校学生心理健康教育指导纲要》中提出：在中等职业学校开展心理健康教育，是促进学生全面发展的需要，是实施素质教育，提高学生全面素质和综合职业能力的必然要求，希望各技工学校坚持以育人为本，根据中等职业学校学生生理、心理特点和发展的特殊性，运用心理健康教育的理论和方法，培养学生良好的心理素质，促进他们身心全面和谐发展，做到以学生为主体，遵循学生身心发展规律，保证教育的针对性和实效性。

但由于教育结构和社会对教育选择方面存在着一些偏见，使技校的生源一直处于劣势。多数技校学生家庭经济条件较差，他们或为学习成绩差和思想行为素质差所困，无法进入高一级普通中学，或是高考落榜而无奈选择技校。在我国，由于多数老师或家长以成绩的好坏作为评判学生成功与否的唯一标准，以一好代百好。因此这些技校学生从小经常被老师或家长责骂，他们承受的批评和挫折较多，这也导致他们存在很多的心理问题。不少技校学生因为没上大学而感到自卑，他们总认为技校生不如大学生，对未来也失去了信心。如果这些心理问题得不到及时的化解，那么，这将会影响到他们身心的健康成长。

所以，我们组织编写了这本《打开你的心结——技校学生心灵成长导航》一书。希望通过书中 25 名技校学生成长、成才的真实故事及分析，加强对技校学生健全人格和良好心理品质的培养，让更多技校生从这些励志故事中找到自信，对未来充满信心！

　　学历不等于能力，技能也能成就精彩人生！

李志明

2012 年 3 月 20 日

前　言

　　1989年大学毕业后，我被分配到广东省曲仁矿务局，可我内心一直有个心愿，就是做一名教师。因为女儿的出生和各种原因，1992年3月，我终于实现了自己的愿望——成为一名技校老师。

　　刚当老师时，我非常激动，因为这是我从小就树立的理想。可在此之前，我对技校了解得很少。当我看到不少技校学生不爱学习，甚至考试作弊时，我对他们非常失望。虽然我热爱教育事业，也热爱我的学生，但当看到他们无心学习，上课讲话、做小动作、看小说时，我非常气愤。我开始责备他们，甚至因此经常伤心落泪。后来，我当了班主任，和学生接触多了，对他们有了更多的了解，但我依然希望他们用心学习，渴望他们像我们当初一样热爱学习，可我似乎看不到希望。

　　当班主任一年后，我又做了教务科科长，从事教学管理工作。后来我接触了心理学，因为非常热爱心理学，我毅然辞去教务科科长一职，专心从事心理咨询工作。这时，我开始广泛接触技校学生，尤其是那些不爱学习的学生，开始走进他们的内心，了解他们成长的心路历程。这时，我才真正了解技校学生为什么不爱学习，为什么成绩不好。

　　在从事心理咨询10年的时间里，我了解到不少技校学生来自贫困家庭，或来自特殊的家庭。这些学生从小获得的关爱很少，学习环境也不理想。即使一些学生来自正常的家庭，但由于父母缺乏良好的教育方法或不能以身作则、言传身教，导致他们非常逆反，因此，技校学生学习成绩不好不能完全归咎于他们。

　　和他们接触多了以后，我发现他们身上还是有很多闪光点的。他们勤劳、能吃苦、有礼貌，耐挫折能力、独立生活能力、适应能力等都较强；他们爱唱歌、爱跳舞，口才也很好；他们处理问题比较有弹性，情商较高。

　　我们看到，个别学业优秀的大学生一直在表扬声中长大，当遇到一点小挫折或批评时，就想不开甚至自杀。而技校学生，也许因为他们从小承受了过多的批评而不会太计较外界的评价，不会太以自我为中心，不会把自己看得太重要，所以，他们不会因为批评和责骂就要死要活，承受挫折的能力较强。

当我走进技校学生的内心，了解他们的人生经历后，我不再责备他们不爱学习，反而更多地看到他们的长处，懂得欣赏他们的优点，发掘他们超越其他同龄人的优势。因为欣赏和热爱他们，我开始留意技校生的未来和发展，也看到了很多技校学生事业上非常成功。因此，我开始相信凭借他们自身的能力，可以创造属于自己的精彩！在我认识的技校学生中，很多故事深深打动了我，于是，我有了一种想为他们写本书的冲动，就有了这本书的出版。

写这本书的原因，是我在从事20年的技校教育工作和10年技校学生心理咨询工作中看到太多技校学生很自卑、很迷茫、很困惑。由于学习成绩不好，经常被批评，很多技校学生认为自己一无是处，无可救药。很多时候，他们无所事事，非常无聊；他们不知如何打发时间，活得很累；他们看不到希望；他们没有坚定的人生目标，找不到发展的方向；他们羡慕大学生，总以为那才是人生的成功。因此，他们非常纠结、痛苦、自卑、迷惘，形成了一个又一个的心结，需要我们用心、用智慧去打开。

其实很多技校学生非常优秀，非常值得我们欣赏，因此，为了更好地促进技校学生的心灵健康成长，我将25位技校学生典型的故事写了出来，并一一加以分析，希望借助这样一群普通技校学生成才和创业成功的故事，促使技校学生相信：技校学生也是人才，也值得人们尊敬，也有很多闪光点和优势，也能获得成功。以此增加技校学生的自信心，让他们认同和欣赏自己，对未来充满信心！

我写的这些故事都是真实的，只是因为牵涉到个人的隐私，有些个案做了必要的技术处理，也有部分学生在我征得他们的同意后，使用了真实姓名。这一方面是做心理咨询的职业道德要求，另一方面，我不想大家对号入座，以免影响他们的生活。

在编写过程中，本书所应用的很多摄影照片由广东省工业高级技工学校的杨庆、王湘杰老师提供，插图由张建源、杨宝妹老师设计制作，"从技校学生成为技师学院院长"的插图由韶关市第二技师学院提供，在此向他们表示深深的感谢！

另外，本书在编写过程中得到了广东省工业高级技工学校李志明，韶关市技师学院刘雪庚，韶关市第二技师学院谢志强、梁永深，广东省南方技师学院谭亲四、粤北技工学校岳永胜等的大力支持，在此一并表示衷心的感谢！

由于编写时间仓促，加之编者水平所限，不当之处在所难免，敬请读者批评指正。

曾丽华
2012年3月

目 录

第一章

苦难是一所学校

"老师，我很自卑，在台上讲话时总是很紧张。"小辉身高一米八，是一个非常帅气的男孩，当我上课要求每个学生上台即席演讲时他却不愿上去。下课后，小辉主动找到我，告诉了我关于他的身世。

"我的母亲在湖南老家生有2女1男，为了改变家里的贫困现状，她决定外出打工，可却被人贩子卖给了我的父亲。父亲嗜赌如命，这让母亲十分伤心，但由于被他们严格控制，母亲最终还是和父亲一起生活，生育了我们兄妹3个，我是最小的。我7岁那年，母亲在湖南老家的大儿子找到她。她回湖南去了，因为她原来的丈夫一直在寻找她。

"母亲走后，我们每天给她打电话，哭着求她回来。最终，母亲回来了。她说，过去她已经对不起在湖南老家的孩子，现在他们长大了，她不能再对不起我们。因为父亲好赌，母亲几乎承担了家庭全部的责任。我清楚地记得，一次母亲借了100元给我们交学费，却被父亲抢去赌博了。类似的记忆太多了。因为父亲赌博，母亲经常和他吵架。

"母亲非常辛苦地养育着我们，可命运就像和我们开玩笑一样，有一天母亲却永远地离开了我们。那一天，当我们赶到母亲干活的建筑工地，看到从7楼摔下的母亲已经血肉模糊，我们几个孩子泣不成声。

"建筑老板赔偿了我们13万元，母亲在湖南老家的大儿子也来了，他提出这钱不能动，要用于我们3个孩子读书。（此前，母亲和她的大儿子找到人贩子，说要告人贩子，因此，人贩子赔了母亲6万元。这钱被母亲的大儿子他们领去了。因此，这次母亲死亡的13万元赔偿金，他们没有要。）可他走后，父亲却用这钱盖了新房。那年我10岁。哥哥和姐姐此后就辍学去打工，我则继续读书。

"母亲活着的时候，父亲虽然赌博，但还会和母亲一起出去打工。母亲离开我们后，父亲就不干活了，天天赌博。无奈之际，我15岁那年读初二，由于没钱读书我也辍学打工去了。

"在外面工作了两年，我感到自己既没学历又没技术，干活很苦很累，可看到一些技校毕业生因为有技术能找到较满意的工作，所以，我就存钱准备读技校。哥哥和姐姐都很支持我，但他们的收入也不高，只够养活自己。

"我现在用自己打工挣的钱读书，每当寒暑假和周末时，我就在肯德基、麦当劳及超市、保龄球馆、高尔夫球场等地打工。我读技校用的都是自己打工挣的钱。想着母亲已经离开我们了，我只有父亲了，我就常常给父亲打电话。可每次给他打电话，他总向我要钱，叫我寄点钱给他，因为他输钱了。我心里非常难过，其他同学的爸爸妈妈都健在，很爱他们，可为什么我的命运如此不幸？妈妈走了，爸爸却是赌徒。我很羡慕其他同学，他们可以向父母要钱，向父母诉苦，向父母撒娇、抱怨，可我的父亲却总向我要钱，我很累很累。我不明白，我只有17岁，为什么我经历的苦难却这么多？为什么不幸总伴随着我？我感到很自卑，一遇到大事就非常紧张，上台讲话也很恐惧。老师，您说我该怎么办？"

面对苦难怎么办？

心结一

在技校，尤其是部分技校实行免费招生后，很多像小辉这样从小就经历苦难的学生，他们因为家里经济条件较差或其他种种家庭困难或悲剧，无奈地选择了读技校。在他们的记忆中，有太多伤心和痛苦的往事。这些技校学生，他们比同龄人经历了更多的苦难，如有的父母离异后随父亲生活，可父亲又意外死亡；有的是被领养的孤儿，从不知自己的父母是谁；有的从小过继给叔叔，但叔叔家对自己不好，甚至虐待自己……

这些命运多舛的技校学生，内心有很多的心结。他们总在心里问自己，为什么命运对我如此不公平？为什么我过得这么苦？为什么我没有得到父母的关爱？为什么我失去的那么多？为什么……为什么……他们心里有太多纠结的东西，他们无法解释也无法释怀。

面对这些技校学生，一方面，我们要告诉他们接受现实，因为每个人的命运不同，每个人都可能经历苦难，只是每个人在不同的时间面对的苦难不一样；另一方面，除了面对现实，我们还要学会以积极的态度与苦难相处。因为苦难是一所学校，是我们在成长过程中必须学习的一门功课，是一种提升我们能力、磨炼我们毅力的经历，我们应该在苦难中学习，勇敢地完成这门课的学习任务。这样，才能有利于我们的心灵成长，促使我

心灵成长故事与分析一

和继母生活的女孩

小霞是通过老乡介绍来到我这里的。她的老乡告诉我，小霞的父母早年离异，随后母亲远嫁他乡，现在已经失去了联系。父亲在她4岁时和继母结婚，婚后生了一个弟弟。在小霞9岁时，父亲病故。现在，继母外出打工，没有再婚，但很少回家。小霞和弟弟只好随奶奶生活，爷爷已经去世了。读初中时，小霞成绩很好，考上了重点高中，但因为家里困难，在班主任的推荐下，她来到技校读书。现在学校要交学费，她还差不少钱，因此，她的老乡带她找到我，希望我能帮帮她。

我首先告诉她，根据她的情况，可向学校申请减免部分学费，一般一个学期可减少500元，但要村委会开证明。之后，我让她找班主任，把情况向班主任反映，希望得到班主任的帮助。同时，介于她的情况，我答应每月资助她200元，同时，我看能否帮她在食堂找点事做，如帮忙卖饭等。于是，我先给了她200元。

不久，我向食堂老板介绍了小霞，他们同意让她去食堂帮忙，在食堂干活可以提供免费的三餐。同时，通过班主任和学生科的联系，她在村委会开了家庭困难的证明，并向学校申请减免部分学费。校领导开会讨论后，同意每学期减免500元的学费。

第二个月，当我再次找到她，给她200元钱时，她说不要了。因为她在食堂帮忙，不需要伙食费，所以，不要我资助她了。食堂老板告诉我，小霞很乖很听话，做事很认真、很勤快，对人也很有礼貌，所以，食堂的工人都很喜欢她。食堂老板多次向我夸她，说她是个听话懂事的孩子，很讨人喜欢。

小霞衣着非常朴素，性格内向、温顺。她学习很用功，成绩也很好，年年都被评为三好学生。在学校，她积极参加各种演讲比赛，竞选文学社、学生会干部等，担任学生会学习部长和文学社社长，积极投入技校的学习、生活中。

第二学期，她再次来找我，说学费还差几百元。我问她差多少，她告诉

我差 350 元。我给了她 350 元。让她把学费交了。读完中级工班，由于学校实行了农村户籍和城市低保学生免费入学制度，她又继续读高级工班，之后再没有向我要过钱。虽然小霞不是很聪明的学生，但她学习很用功，成绩一直是班里第一名。在班上，她积极参加各项活动，劳动也很积极主动。虽然个头不高，但在运动会上却获得 3000 米长跑第一名的好成绩。她和老师、同学的关系都很好。她说，她和继母的关系也不错。在高级工班读书时，她开始和其他同学一起打暑假工，挣钱补贴家用。虽然暑期工很累，但她都能坚持下来。

虽然父亲过世了，亲生母亲不知在哪里，但小霞的脸上依然充满笑容。在学习上，她比一般的学生用功，而且非常勤劳，在家里主动承担家务，所以，继母和奶奶都很喜欢她。小霞说，她很爱继母。父亲走后，继母没有再婚，而是一心一意带着她和弟弟生活。她说，自己很感谢继母，因为继母一直把她当成亲生女儿一样。

【分析】

经常有特别困难或家庭背景特殊的学生找我，如果可能我会介绍一些学生到食堂帮忙，因为在食堂帮忙可以获得免费三餐，学生就可以省下伙食费。但有些学生在食堂的表现却令我很失望。

另一个男生小天和小霞的情况非常相似，他从小是一个弃婴，被一个老人领养。后来老人过世了，那年他 12 岁。此后，他被老人的儿子（小天叫他叔叔）领养。当我听说他的情况后，也带他到食堂去帮忙，但他经常找各种理由，不按时去帮忙，而且在食堂做事比较马虎，时常找错钱，人又不勤快，结果食堂老板不要他了。他告诉我说他借了班主任 250 元，我给了他300 元，希望他还给班主任。结果，直到毕业他也没将钱还给班主任。他向我借钱，说要和同学一起去打暑期工。我给了他钱后，学校老师带着他和其他学生一起去打工，结果他嫌工作太累，做了几天就走了。之后，他又一次向我借钱，说他的手机坏了要修，但我没有再借给他。

这个男生和小霞的家庭非常相似，但我对待他们的态度却不同。因为小霞在食堂帮忙时，每个人都很喜欢她，对她评价也很高。小霞懂得珍惜，做人很诚实，所以我们信任她，也愿意帮助她。但小天却不珍惜老师给予的机会，一再失信于老师，最终没有人愿意再帮助他。所以，一个人能否得到别人的认同和帮助，与做人有很大关系。在这里，我也希望每个学生能懂得——助人自助，一个人自己都不帮助自己，别人是不会帮助他的。

小霞虽然父亲病故，亲生母亲也失去了联系，但她和继母相处得很好，家里的叔叔、姑姑也尽量帮助她，在学校完全看不出她是失去了亲生父母关爱的学生。她和其他学生一样健康、快乐，我想是因为，在她心中对所有人都充满了感情。即使生命中经历了这么多的磨难，但小霞没有因此把成长的责任推给别人，也从不认为是别人造成了自己的不幸，而是依然用心学习，珍惜生命中的每一天，也因此一直是一个成绩优秀的学生。

常常有学生与父母相处不好，尤其青春期对父母的抵触情绪很大，认为他们对自己管教严厉，对父母很反感，甚至无话可说。可小霞失去了亲生父亲，对亲生母亲几乎没印象，继母在外打工也很少回家，但小霞从没有抱怨过他们，而是理解生活就是这样。她和我谈话时，从没说过别人不好，而是告诉我，她的爸爸和继母对自己很好。即使对离开自己的母亲，她也没有抱怨。她说自己很幸运，有继母、爷爷、奶奶、姑姑和叔叔等人的关爱，还遇到很多好老师。

虽然我们无法决定自己的遭遇，但我们可以选择面对生活的态度。小霞就是这样坦然接受生活给予她的一切，所以，她依然快乐，依然努力地实现自己的理想，以积极的心态面对生活。

阅读链接

苦难是一所学校

一部反映残疾人自强自立的电影《隐形的翅膀》在全国范围内挑选特型演员，导演冯振志通过中国残联网认识了没有双臂的女孩雷庆瑶，并且被她的故事所感动，决定破格录用她。（来源：央视国际 www.cctv.com 2007 年

雷庆瑶幼时因一场事故失去了双臂，但她没有因此失去了人生！她一直像正常人一样勇敢、坚强地生活着！虽然没有双臂，但她用双脚代替了双臂。她用脚洗衣、做饭弄菜；她用脚绘画、写字；她用脚缝补衣服、编织毛衣。她和正常孩子一样上学读书。到了初中，由于学校离家较远，一般人骑自行车上学需要一个多小时。因为没有双臂，她不可能骑自行车。父母也不可能每天接送她上学、放学。这意味着她将面临辍学，但她背着父母学起了骑自行车了。终于，她能用身子扶着车头骑自行车了。她可以和别人一样继续上初中了。父亲为她改装了一辆适合她的、特制的自行车。她又能走进校园了！

雷庆瑶虽然失去了双臂，但她没有失去生活的勇气和信心！我们可以想象，她今天的一切都付出了常人难以承受的代价！她的坚强、她的毅力、她的勇敢值得我们健康人学习！

52 岁的焦连运，是河南省唐河县大河屯镇涂庄村人。母亲在他 9 个月时因病去世，父亲在他两岁时也因病永远地离开了他。从此，他只好和叔叔一起生活。4 岁那年，因为在家中点火盆取暖，他把自己烧成了重伤。经过一年多的手术和治疗，他还是失去了双臂和右腿，落下了终生残疾。但特殊的经历并没有让焦连运消沉下去，反而让他过早地成熟了。虽然有叔叔、姐姐给他喂饭，但他认为不能依靠他们喂自己一辈子，他决定要自食其力。

从 6 岁开始，他就凭着一股倔犟劲儿，学会了拄着双拐行走。此后，为了自立，他除了饮食起居能自理外，还想掌握一技之长。因此，他学会了修自行车、修电器和演杂技。可看着村里那些健全的小伙子都能外出打工，他特别羡慕，也想到外面的世界去看一看。18 岁那年，他也背上行李，开始了自己独自闯世界的生活。

最初的几年，焦连运靠着自己的技术维持生活，比如，修理自行车、修小家电、演杂技等。30 岁那年，焦连运认识了一位卖刺绣的大姐，于是，他产生了学刺绣的念头，可光穿针他就穿了整整三个月。经过苦练，他想出了一个适合自己的穿针办法。当卖出第一件精心绣出的小物件时，他兴奋了很久。从此，他依靠卖自己刺绣的鞋垫和小装饰品维持生活。虽然生活过得很苦，但他的心里有一个底线，那就是决不乞讨。他说："丢人，人家也是人，你也是人，你为什么叫人家给你钱。""你们看到我不能生活，不对，我生活得更自信。我不愿意去当乞丐，我要做一个真正的男子汉！"

在卖绣品的过程中，焦连运得到了很多人的鼓励。他说："电脑比我绣得好，他们说不是要你的东西，是要你的毅力，要你的精神。"这些话让焦连运很感动，也使他产生了一个想法。为迎接 2008 年北京奥运会，焦连运用一只左脚夹着针绣出了一幅 48 米长、0.75 米宽的画卷捐给国家。这幅画卷内容包括汉族、布依族、蒙古族等 56 个民族形态各异的图案。2008 年 8 月，在水立方前，这幅巨型画卷，为北京奥运增添了更多的震撼和感动……

20多年来，焦连运靠着他的"独脚绣"走遍了全国20多个省市自治区。他感动了很多人，也激励了很多人："好多事情看似不可思议，其实只要努力就行了。现在好多四肢健全的人总是在抱怨社会，我就是要用我自己的真实经历去告诉他们只要努力打拼，就没什么不行的！"

对于自己的奥运之行，焦连运这样理解：从8月5日他到这里以后，他就开始了两项任务：一项是用自己的"独脚绣"为奥运点缀；另一项就是用自己的残肢和行动来做"公益演讲"，让更多的人从他的身上找到自信。"没有做不到的，只有你不敢想的。大家都比我强，只要坚持奋斗，人生绝对会辉煌！"

有人问他，经历了这么多的坎坷和不幸，是否想过放弃生命。他说：他从没想过自杀。既然父母把自己生下来，就是让自己在这个世界上好好地走一回，因此，要好好地活着，才对得起父母给我们的生命。"我从小在家就很傲气。我觉得抱怨天抱怨地没有用，我要做一个真正的男子汉。"正是凭着这种傲气，焦连运认为自己不能放弃生命。他说："你们看到我是一个残疾人，但我不认为我是个残疾人，我的生活与正常人一模一样。我这一生要永不放弃，只要睁着两只眼睛，就应该坚持到底。"他说虽然肢体残缺，但凭着自己的手艺生活，什么都能做，不需要别人帮助；虽然自己命比纸薄，但心比天高，他从没放弃过奋斗。（文中部分内容摘自：记者承明欣，河南电台新闻广播）

雷庆瑶和焦连运，都因意外成为残疾人，但他们从没有悲观过。他们让我们懂得了一个道理：任何时候不哀怨不悲怜，相信自己能闯过所有难关！因为苦难是一所学校！

人的一生不会总是一帆风顺的，就如案例中的小霞自小和母亲失去了联系，父亲再婚后不久又病故一样。对于小霞来说，她的人生比别人多了一些苦难，但因为有继母和奶奶等人的爱，她依然快乐。我经常强调不同的家庭造就不同的人，不同的经历给你不同的成长机会，每一次苦难都是上帝提升我们能力的成长功课。当回过头再看我们经历的苦难，我们会感谢苦难既让我们懂得了很多东西，也让我们从懵懂走向成熟。我们会感谢苦难，因为苦难是一所锻炼和培养我们的学校！

在技校，每天都有一些学生来咨询。他们告诉我，他们很烦恼。因为他们怕考试不及格，他们担心就业岗位不理想。他们抱怨学校没有给他们提供更好的学习条件，老师没有教给他们有用的知识，父母没有给他们创造舒适的生活条件。他们把所有的责任都推给别人，唯一没有想到自己该承当什么责任！在学校，他们无心学习，也不想学习；他们没有毅力，也没有决心改变自己。等到考试时或将要工作时，他们才知道自己学的知识太少了，才开始为自己的未来而担忧！

雷庆瑶和焦连运虽为残疾人，经历了常人无法承受的苦难，但他们却创造了精彩的、让我们感动的人生！那么，作为一个身体健全的人，我们又有什么理由原谅自己的懒惰和不学无术、游手好闲呢？我们又有什么理由把成长的责任都推到别人身上？我们要明白：成长是自己的责任！只有自己对自己负责，我们才能健康成长！残疾人都能做到的事，我们身体健全的人是否更应该做到？

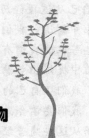

苦难，属于我们的生命礼物

美国《纽约时报》畅销书作者黛比·福特写的《阴影，属于你的生命礼物》（黛比·福特著，马晓棠译，北京：中信出版社，2010.8）告诉我们：我们经历的所有伤痛都是为了一个目的，即让我们从这些伤痛中找到向世界散发礼物所需要的智慧。如果我们能将这些伤痛看做学习的一个重要工具，痛苦过后学会总结和思考，那么，这些原本令我们失望的事情将教会我们有关人生的哲理。书中强调每个人来到这个世上都可以作出自己独特的贡献，而所经历的这些痛苦和磨难恰好是送给我们的最好礼物，让我们从中收获人生的感悟，为世界作出自己特别的贡献。

我们所经历的生活既有欢乐也有痛苦，但正因为如此我们才与众不同，也只有我们因为起伏多变的生活而积累了所需的经验被挖掘、被提炼的智慧，才是我们对世界最好的贡献。因此，我们每个人需要从自身痛苦但独特的经历中收获价值，从失败、挫折和不足中激发智慧，利用自己的苦难丰富自己和他人的生活。

当初经历苦难时，也许我们无法体会其中所蕴涵的智慧，但如果此后从人生的整体来看待这苦难，我们将会从中获得智慧和力量。

因此，我们看到任何一种伤痛，都会赋予我们智慧，只要你能深入探索自己的灵魂，都能从中学习到成长的功课。就如黛比在书中写道："我们不妨思考：我为什么需要这次的经历？从中我可以总结出什么？如果我没有这种经历，我不可能了解并为他人贡献的是什么？因为如果我自己不经历这些情况，我就不能帮助他人医治痛苦，实现他们梦想中的生活。"

一个知名的女教师将她女儿培养成为一个诗琴书画样样精通的优秀女孩，但女儿到国外读名牌大学时却自杀身亡。伤心欲绝的女教师此后才明白，当她将孩子培养成为一个优秀的人才时却从没有对孩子进行过生命教育。此后，她用自己的经历告诫家长：不要仅仅只将孩子培养成为优秀的人才，而忘记对孩子进行生命教育，因为人的生命比成为优秀的人更重要。

一个心理咨询师幼年被强暴，这样的阴影导致她的婚姻也经历不幸。因此，她专心研究心理学，成为一个知名的心理咨询师，帮助更多被强暴的女孩从悲痛中走出来，学会经营婚姻。这就是苦难给她们的启迪和智慧，这些女孩也利用自己从这段经历中获取的经验去帮助别人。

黛比在书中写道：我们要感谢生活中经历的创伤、残障、失败、生活困难，因为这些苦难使我们有所感悟，然后用所悟去完成天赋的使命。我们需要从这些苦难中提炼出智慧。如果伤害没有这么重，我们或许不会悟出这么深刻的道理。我们从自己的人生经历中汲取智慧，发现这些经历带给我们的财富。因此，我们要学会感谢所经历的每一件事，无论是令人开心的还是令人难过的。而从这些痛苦经历中提炼出的教训和智慧，将帮助我们实现为世界作出自己特别贡献的目标。因为，人生中的每次痛苦经历都能让我们领悟很多智慧，而这就是苦难给我们最好的礼物，所以，我们要认识到：所经历的苦难都是有用的，并从中提炼出智慧为己所用，那么我们将感谢这些苦难！

无论我们的过去有多么悲惨、多么辛苦，我们都可以挖掘出生活给我们的智慧。当我们经历过他人从没经历的事情，并因此掌握了一些技巧和知识，这些经历让我们成为具有特殊才能的人，世界需要我们作出特殊的贡献。我们的特殊才能往往源于所经历的痛苦，这些才是我们可以赠送给他人的特殊礼物。

每个人特殊的才能都具有唯一性。为了发现自己的特殊性，我们必须用自己经历的一切去帮助和影响他人。因此，黛比建议我们：经历苦难后，我们要进行思考：经历这件事后我掌握了那些技巧和能力？我怎样利用这件事向自己和他人作出贡献？如果我经过生活的磨炼需要完成特殊的使命，那么这个使命是什么？当你能利用自己的经历帮助他人时，你应该感谢自己的苦难，感谢它传授给你如此多的智慧。感谢苦难带给我们的礼物，因为这礼物让我们成为独一无二、能对世界作出特殊贡献的人！

心灵成长故事与分析二

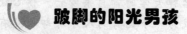
跛脚的阳光男孩

王刚的父亲在他两岁时去世，母亲带着他们5个孩子改嫁到继父家，他是最小的孩子。继父的前妻也因病去世，留下 4 个未成年的孩子。在农村，这样的家庭其生活的艰难可想而知。家中几个哥哥、姐姐没钱读书，只读完小学二年级就早早辍学出去打工挣钱了。他和继父最小的女孩是最幸运的，能在哥哥、姐姐的帮助下读书。如今，他上技校，妹妹读高中。

王刚的亲二哥只读了小学二年级，却坚持赚钱供最小的弟弟——王刚读书。他们认为让王刚上技校，学一门技术，将来可以养活自己。王刚小时患小儿麻痹症因为没钱看病，在几次抽筋后，他的腿开始一瘸一拐，后来越来越严重，最终，他无法像正常人一样行走，成为一个跛着脚走路的人。

尽管命运让他从小就经历了常人难以想象的痛苦，但他从没抱怨过生活。他对我说："我生在这样的家庭，能活下来就很幸运了。残疾又不是爸妈的错。他们也没办法，不能怪他们。与其浪费时间抱怨命运的不公平，不如愉快地面对现实。命运就是这样，我只能坦然接受。"

因为残疾，王刚从小就被同学取笑，甚至被看不起。他也曾自卑过，但他一直很开朗，和同学关系很融洽。读小学时，他成绩很好，经常是班里前两名。但到了初中，家里因为困难，兄弟姐妹之间经常打架，父母也因此烦恼，而随着年龄的增长，他思索的问题多了，烦恼也多了，于是学习成绩开始下降，最终感到自己无法考上好的大学。而二哥为了家庭，早早出去打工了。二哥说，他没读什么书，什么也不懂，希望能供王刚读书。于是，二哥挣钱让王刚上了技校，学的是家电专业。二哥说，王刚学了家电专业，以后可以开一个维修电器的小店养活自己。

在某招生人员的劝说下，他进了一所民办技校。没来之前，这所技校的招生人员夸学校如何好，能学到多少知识，将来就业又如何好。于是，他选择了这所民办技校。可谁知，一学期过去了，他发现这所技校没有任何教学设备，连老师提出要学校买一些电线给学生接线，学校也说没钱买。他们一进校就被安排出去打工，一分钱的工资也没发给他们，还说他们打工挣的钱不够他们交学费。第一学期结束后，他想退学回家读高中，向学校提出给他开一张退学证明。可学校说，不能退学，因为他的名字已经被登记了，别的学校，即使是高中也不能再录取他。他回家把这话告诉了哥哥。哥哥也不懂，认为既然这样，那就只好继续读下去。一年的学费是 5600 元，现在两年过去了，他的学费加生活费已经用了两万多元，可他什么也没学到，因为学校从没上过课，只是带他们到工厂打工。家里的人都在农村，他们不清楚他是怎么回事。每当他说给家里人听时，他们也不明白为什么在技校无法学到知识，还认为他不用功。

王刚说，那年放假，他和爸爸、哥哥到邻居家做客。邻居说，家里的饮水机坏了，知道他学的家电维修专业，就叫他帮忙修一下。他说，自己什么也没学不会修。最后，邻居说："你在学校学什么？还学家电维修专业，连饮水机都不会修，真没用。"王刚说，他当时心里很难过，可又无法告诉他们，学校根本就没教给他们任何知识，只是让他们打工给学校挣钱。

后来，那所民办技校因为资质不够被查封了，校长也被抓去坐牢了。他被转到公立技校。由于这所技校没有家电专业，所以他转而学数控专业。可因为腿的残疾，他觉得自己不适合学数控专业，于是，他找到我。我建议他一边学数控专业，一边在电工班学习，补上一些家电专业的基础知识。因为他家境困难，我建议他向学校申请减免部分学费。后来，通过班主任的帮助，学校减免了他 500 元学费。

王刚告诉我，他二哥原本想让他开一个家电维修店，但现在知道他没学家电维修，就打算毕业后叫他去搞装修布线，可他对自己一点信心都没有。我鼓励他说，电路布线不难学，先在学校的电工班学习一些基础知识。后来，我将他的情况反映给他的班主任，让班主任找学校，允许他选修电工专业的课程。因此，学校根据他的特殊情况，允许他自由支配学习时间，由他自己决定学习的内容。他可以直接去电工班上课。

毕业后，二哥为他找了一家装修公司。王刚笑着对我说："老师，我会努力的。从小经历了那么多的磨难，来技校也受了不少挫折，但我不能辜负家人对我的期望，不能让哥哥失望。我爸（即继父）对我一直不错，他现在做了村委员会的干部，家里条件好了很多。家人也很关心我。我工作后，一定要靠自己，不能再靠哥哥他们了。"

【分析】

第一次看到王刚，我发现这个学生尽管残疾，但性格很开朗，也很懂礼貌，见了老师会主动打招呼。一次，我参加他们班组织的烧烤活动，他很主动地过来和我聊天，总把自己烧烤的东西送给其他同学吃，和同学关系很融洽。后来，我多次在篮球场上看见他。尽管脚不方便，但下课后他经常和同学一起打篮球，并没有因为脚的残疾而自卑。同学也因为他的开朗很尊重他，和他关系不错。班主任也非常喜欢他，因为他学习很用功，对人很有礼貌。

在技校工作近 20 年，我只见过两个腿有些残疾的学生。我没有上他的课，但第一次参加他们班级活动，他就主动大方过来和我聊天。后来多次看见他打篮球，我很感动。尽管他腿很不方便，身高也只有一米六，可这似乎没有影响他的心态健康成长。

见过太多残疾青年因为自卑导致的悲剧，我希望能主动关心他，帮助他树立生活的信心，所以，通过他的班主任，我主动找到他，和他聊天，听听他的心里话。

王刚对我说，出生在这样的家庭，能活下来已经很幸运了，他从没抱怨过父母因为没钱忽视了他的小儿麻痹症，也没有带他去看病，最终造成他的残疾。他说这一切不能责怪父母，要怪也只能怪命运。我真的很感动。即使读技校时遭遇了欺骗，他也没有抱怨社会，而是说，以后自己要多努力，不要辜负了家人和老师对他的厚爱。

特殊的家庭、特殊的磨难，让王刚比一般的孩子更懂事，更能体谅父母和家人的不容易。他告诉我继父也不容易，那么一个大家庭，继父对他们都不错。尽管继父也曾忽视过他，甚至打骂过他，但他没有记恨过继父，反而因为继父为了孩子辛苦支撑这个家庭而感谢他。

我看过一些报道，有些孩子因为家庭困难，父母没钱给他们治病落下了残疾，他们因此怨恨父母。虽然有能力养活自己，但他们就是不工作，反而到处找媒体曝光自己的事，逼着父母借钱给他们治病，甚至对待父母就像仇人一样。但王刚却一直理解父母，即使继父也曾对他们有过不合适的行为，但他也能理解继父，说继父很不容易，对他们已经很好了。这让我特别感动。

技校学生多处于青春期，特别逆反，与父母之间的矛盾很大，对父母很多抱怨，可王刚却以一颗善良和宽容的心面对生活中发生的一切不幸，依然阳光、快乐地生活着。

每个人都有不同的人生经历和遭遇，但如果能以积极的心态面对生活中的磨难，那么就能拥有健康和快乐的人生！但愿王刚今后的生活能充满阳光！

阅读链接

残疾人也能拥有自己的春天

半丁本名黄建明，1968 年生于四川自贡，成功激励导师，著名残疾人书法家，现为北京交通大学心理教育中心顾问，西部书画院副院长。

半丁 1987 年高中毕业后，在自贡一家建材公司上班。1994 年 4 月 23 日，那年他 26 岁，在火车站因警告小偷的偷窃行为而被他们追赶，他只好躲到停行的列车下，不幸火车开动时被火车轧断双腿！身高一米六八的他只剩下 0.85 米。在外地打工的妻子闻讯而来，然而，不到半小时，她便从医院消失了，从此杳无音信，留下两岁的女儿。

几次自杀未遂，他在一个病友的劝说下，终于决定为父母、为两岁的女儿选择生存。出院后，他由一个老同学背回家。一次，两岁的女儿问他："爸爸，你饿吗？我给你弄饭。"女儿给他端来了饭。他含着泪咽下了女儿端来的饭。从此他下定决心，尽早独立！

通过训练，他终于可以行走自如了，他重新拾起曾经喜欢的书法，刻苦练习。一天，在去看望朋友的路上，经过一片油菜花，听见油菜花生长的声音。他第一次感到：活着，真好！这也增添了他对生活的勇气和信心，他决定去西安卖字。当一幅写着"求索"的书法第一次卖了20元钱时，他感到有能力养活自己和女儿。

2002年，他邂逅了比自己小15岁、清秀的女大学生阿荣，并深深吸引了这个年轻姑娘的心，此后，他们在深圳安了家，结婚生了一个儿子。

从1997年开始卖字，他辗转了全国许多城市。2004年在深圳，一位先生花50元买下一幅字的同时，留给他们一句话："写一幅字只能鼓励一个人，做一场演讲却能鼓舞1000人，出一本书、拍一部片子能够影响几十上百万人。"于是，第二天，他联系了这位先生，在他的帮助下，举办了第一场演讲。以后，半丁开始用自己的人生经历去鼓励所有的人。

1998年，他依靠自己的力量登上了八达岭长城，8年之后，他再次登上好汉坡顶。2007年5月，半丁的自传《你就是奇迹》出版，同时他的个人网站和博客在2006年已经开通。如今，他和妻子阿荣一起在清华大学继续学习。半丁学习书画，阿荣学习英语。

同时，半丁还尽量帮助和他一样的残疾人和大学生。2007年2月，在得知湖南一个叫彭水林的人因车祸同样失去双腿后失去对生活的信心、没有足够的能力支付医药费时，他亲自去医院鼓励他，同时举办演讲将筹集到的捐款交给他们。他还资助一些上不起大学的贫困学生，继续通过演讲影响和鼓舞更多人！

看了半丁的事迹，我们相信残疾人也能拥有自己的春天！同时，我也为半丁积极的生活态度而感动。看看我们身边多少人，拥有健全的身体，却无法激起生活的热情，没有生活的动力，缺乏生命的激情。他们整日生活在抱怨和不满中，总以为命运对他们不公平，机会不垂青他们，爱人也离开他们。他们的生活总缺少阳光和花朵！他们把一切责任都推给别人，认为是别人造成了他们的不幸和痛苦！他们不愿从自身寻找原因，只会悲叹自己的命苦！

人是自己生命的主宰！没有人可以让你永远痛苦和失败，只有你自己不愿意寻找改变的机会！半丁，一个身体残缺的人可以通过自己的努力和拼搏，拥有爱情、幸福、成功和快乐，而我们一个四肢健全的人又有什么理由让自己悲伤和失败呢？我们拥有健全的身体，可我们缺乏像半丁一样健康、积极进取的心态！

好命不如好心态！人生一定会遭遇无法想象的痛苦或挫折，但如何面对，每个人的态度却不一样！积极、乐观的心态，可以战胜一切，最终成功也一定伴随你！可悲观、消极的行为，只会让你走向灭亡！

一些生活颓废的人，一些遇到一点挫折和打击就无法站起来的人，一些选择逃避责任、在困难中跌倒就永远倒下的人，看看半丁，再想想自己，一个没有双腿的人都能勇敢面对一切，最终拥有一切，我们至少还有双腿呀！我们还有健全的身体！我们还有什么理由不让自己站起来？我们还有什么困难不能克服和面对？

人生的一切都是一笔财富。苦难也是财富！如半丁，如果不是没有双腿，他也许只是一个普通的人，和妻子过着平安的生活。可失去双腿后，他变得更坚强，这反而发掘了他演讲的才能，成就了他与以前完全不同的人生，甚至拥有一个比自己小 15 岁年轻、漂亮的女大学生妻子和一个可爱的儿子。他甚至走出中国，到国外去演讲！

有个女孩，她的每只手都只有大拇指和小拇指。虽然她一共只有四个手指，但她钢琴却弹得很好！甚至出国开演奏会！虽然他们是残疾人，但他们也有属于自己的春天！因此，如果我们尽早制订自己的人生目标，残疾人也一样可以拥有鲜花和掌声！你的人生由你创造！改变自己消极的思想、观点，用积极、乐观的思想和行为面对你的生活吧！

积极面对残缺的人生

一个叫刘伟的青年，在 10 岁玩耍时触电失去双臂，随后他学会了游泳，在比赛中取得了冠军的好成绩。后来他又学弹钢琴，通过一年的努力，他竟然达到钢琴 7 级。在他和刘德华同台演出时，刘德华给他的拥抱圆了他的一个心愿。他说，自己没有机会拥抱别人，但希望能得到刘德华的拥抱。一个没有双臂，只能用脚生活的人，居然能在钢琴上弹奏出美妙的音乐，真是一个奇迹！

《北京人在纽约》在中央电视台播出后，创下了收视率最高的纪录，电影演员王姬荣获大众电视"金鹰奖"的"最佳女主角奖"。王姬有一个幸福的家庭，丈夫高峰是一个宽容的男人，也是王姬的最爱；她和女儿的关系也非常融洽。王姬在拥有事业成功、婚姻幸福的同时，但她的儿子却是一个智障孩子。

　　没有人不经历风雨，没有人能拥有完美无缺的人生。面对残缺的人生，我们应该以积极的态度去面对。就如王姬的丈夫再三安慰她说："老天是公平的，不可能把你想要的东西都给你。既然儿子先天不足，那我们就想办法弥补他吧。"就连名人也有不幸，何况我们只是普通人？每个人都可能有自己伤心和痛苦的往事。上帝只是将不同的人，在不同的时间，给了不同的不幸，我们并不是唯一承受不幸的人。我们所要做的第一件事，就是接受现实；然后，用积极的心态去面对自己的不幸。这样，尽管人生有残缺，可我们依然能快乐地生活。如果没有手的人也能弹奏出心中最美的曲子，那我们还有什么心愿不能去实现呢？

　　当面临不幸时，有的人总要问为什么？如果一定要找出原因，我想我们是无法找到让我们满意的答案的。实际上，有的时候是没有原因可找的。比如地震、非典，人生本来就是变化无常的。

　　我看到过身边的许多人，他们都会在不同的时间，经历着不同的不幸。有时，我也会困惑，也为他们而伤心。可我知道，如果我们总责问为什么生活对自己不公平，为什么不幸会发生在自己身上时，那是因为我们不知道别人的不幸，不知道有些人比我们更痛苦。当你为自己没有鞋穿而遗憾时，你发现迎面来了一个没有脚的残疾人，你还会独自伤悲吗？老天总有他平衡的规则，你不可能拥有想要的一切。给了你这个，就可能让你失去那个。人生总是因为有各种缺憾才让我们变得更加智慧，因为我们从中学会了平衡自己心态的技巧。

　　因此，当不幸来临时，我们要告诉自己：人生是无常的，人生是变化的，人生总是有残缺的。没有任何原因，每个人都可能遭遇不同的打击和痛苦。我们唯一能做的就是接纳现实、面对现实，积极解决问题。虽然我们无法选择自己的人生遭遇，但我们可以决定自己面对遭遇的态度。

　　就算人生有残缺，可谁又能说人生不精彩呢？关键是我们要有健康和积

16

极的心态。我们可能幼年丧父、中年丧妻、晚年丧子，我们也许突然身体残疾、行动不便，我们也许遭遇地震等其他天灾人祸，但只要我们积极面对，相信一切都会好起来。要知道：逆境是成长必经的过程，能勇于接受逆境的人，生命就会日渐茁壮，因为阳光总在风雨后！

我相信，我能行

看电视报道，无手车王何跃林的故事让我们感动。虽然他没有双手，可是他不仅能吃饭穿衣，写字发短信，还能穿针引线缝扣子，甚至他还能驾驶汽车，参加全国的越野比赛，还开车上了世界屋脊。

何跃林出生在云南省丽江市农村，9岁的他与同村的几个小伙伴拾到一颗炮弹。他们想敲去杂质，把铜取出来去卖，炮弹被锤敲击引爆，何跃林被炸碎了双手，失去了双手手掌。

为了能和常人一样生活和学习，他在房里吊一个装满锯末灰的袋子，每天起床就击打。此后，他重新学会了洗衣、做饭、穿针引线等一切正常人都可以做到的事。

由于当时大学不招收身体残疾的学生，何跃林念完高中后就辍学了。高中毕业后，何跃林在家帮助母亲和哥哥出工做活。一次见到昔日的同学驾着汽车，他很羡慕。同学见他闲得无聊，便让他学开车。经过半年多的苦练，何跃林掌握了无手驾车的技能。经过三年替人开车的经历后，1987年何跃林自己买了一辆货车在林区与各省间往返。

通过搞运输，何跃林有了积蓄，他养活了自己，供养着 70 岁瘫痪的母亲，还供大哥的儿子读书。凭借着自强不息的精神和一技之长，他获得了别人的尊重和信任，并在丽江县城买了房子建立了幸福家庭，有了一个可爱的女儿，并与乡人合股成立了丽江金沙江生态绿化公司。

何跃林最初搞运输的时候，很少有交警上路查车查证。开车两年之后，在从丽江境内拉木料到大理时，他被上路的交警挡住。由于他无证驾车，被罚款 50 元。被罚之后他找到了《机动车驾驶证管理办法》。《办法》明确规定"残疾人不能驾驶机动车辆"。为了能拿到机动车驾驶执照，何跃林到昆明，想参加春节期间举行的东川泥石流汽车拉力越野赛。他的想法是，要在人们面前证明，正常人能做的事残疾人也能做到。他还有一个心愿，就是通过这次比赛，让更多人知道他的情况，有助于早日获得一本梦想了 20 年之久的机动车驾驶执照。

经过努力，组委会破例决定，何跃林将在东川赛事中参加越野车场地赛的表演，不记成绩，身份是陆战车队的特邀车手。在通过最后一个障碍时，全场掌声雷动。他以 5 分 53 秒的好成绩跑完了整个长近一公里、有 20 个高难度障碍的赛道，轻松进入前 10 名。当比赛闭幕时，组委会特意为何跃林颁发了一个"自强不息"奖杯，以鼓励何跃林顽强拼搏的精神。

看到何跃林的事迹，我想到了盲人调律师陈燕。一架钢琴，8000 多个

零件，闭着眼睛一一触摸，再调出精准的音律——听起来这似乎是件不可能完成的事。35 岁的陈燕却把不可能变成可能。患先天性白内障的她，现在是中国钢琴协会会员、一级调律师，也是我国第一代女盲人调律师。她有一个盲人丈夫，有自己的家。他们在北京买了一套很大的房子。别人都认为她家不需要装灯，但她把自己的家装修得很漂亮。陈燕说，她喜欢灯光，希望家里很亮堂，光客厅就有 100 多盏灯。

我想到了在北京市团结湖天宇市场用脚给人修表的小伙子王建海。他盘坐在桌子上，用脚夹着镊子，夹起表芯里微小的金属片，嘴里叼着螺丝刀，头不时地凑近桌上的表盘。

5 岁时，王建海因为贪玩不小心触了电，两条胳膊就没保住。7 岁时开始拜师学习修表，只用了半年时间就学成出师了。由于技术不错，有一些人甚至从通州等很远的地方来找他修表。天气寒冷时，他的铺位位于入口处，时间长了脚就被冻得冰凉。王建海说，现在他一个人租房子住，自己做饭洗

衣，没有任何障碍。他每月修表的收入有1700元左右。

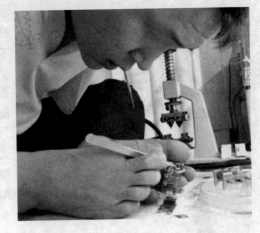

看到他们的事迹，我想到了某些技校学生。他们比较自卑，从小被老师和家长批评责备，觉得自己将来没有出息，对未来失去了信心。可我们看看何跃林、陈燕、王建海，他们虽然是残疾人，可他们通过自己的努力，凭借着积极乐观和自强不息的心态，他们获得了比较满意的生活，取得现在的成功！

看电视采访他们时，他们脸上一直透露着自信和乐观的神态。他们带着微笑面对采访。他们能够保持良好的心态，用积极进取的精神面对人生。我们正常人不更应该相信自己可以做得更好吗？

复制成功没有捷径，只有一条道路，就是对自己要充满自信，要朝着自己确定的人生目标不断努力。技校学生比起何跃林、陈燕、王建海，至少他们还有一个健康的身体，所以，只要我们有人生目标、有努力的方向、有持之以恒的行动，我们就一定能达到自己希望的彼岸！没有什么可以阻拦我们，告诉自己：我相信，我能行！只要你朝着目标努力，你就一定能成为你想成为的人！

爱拼才会赢

王争，1982年10月出生，浙江宁波人，西方经济学专业06级博士研究生。他没有双手，可写出的字却令人惊叹；他是一级残障，却以600的高分考入了浙江大学。他在免试读研后提前进入博士阶段；他荣获学校的最高奖学金，感动了所有参与评奖的人们！

小时候的王争，与所有正常孩子一样，健康活泼。可1991年4月却发生了一场意外，9岁的小王争在捡一根旧灯管时，不小心触到了高压电线。

当父母将他送到了医院后，虽然抢救及时，小王争的性命保住了，但不幸的是，他永远地失去了双臂。王争说，事故发生后的最初几个月，他就像回到了婴儿阶段。

为了不再摔倒，王争开始自觉地练习平衡，每天像舞蹈演员那样压腿，一站就是两个小时。几年后，他不仅可以自由奔跑，而且还拥有了足够柔韧的双腿，能帮助自己穿衣、洗脸、刷牙、吃饭，生活终于能够自理了，但王争的父母并不满足于这些，父母决定让王争继续读书，但他没法像从前那样用手写字了。于是父亲提出要求，他让王争尝试用其他方式来写字。终于，王争学会了用嘴写字。

虽然一场触电事故使王争不幸失去了双臂，但他的人生却并没有因此而变得不幸！最终，他的辛苦努力换来的是令人惊叹的成绩。2001年，王争以600分的高分，考取了浙江大学经济学专业。2005年，由于成绩优异，王争获得了免试攻读硕士研究生的机会。自2005年研究生入学以来，王争已有多篇论文在国内最权威的经济学期刊上发表，也有两篇论文在国际期刊上刊登。论文连续多次入选"留英经济学会年会"、"中国经济学年会"等高水平的国际国内会议。2007年年初，他应邀只身前往英国参加"留英中国经济学学会年会"，并宣读了自己的论文，这份学术成绩也成了浙大在读博士生的骄傲。

后来，他又以出色的成绩提前一年转入博士研究生阶段。2007年，王争凭借自己的学术成绩获得了浙江大学在校学生的最高荣誉——"竺可桢奖学金"，成为浙江大学经济学院唯一获此殊荣的博士研究生，也是全校唯一获奖的人文社科专业研究生。

和正常人相比，王争是一个残疾人，但灾难并没有击垮王争，他以自己的执著和乐观与命运抗争。虽然发生了不幸的事，但他从未抱怨从未放弃，最终取得了令人惊喜的成绩。

当遭遇不幸和意外时，我们常有人抱怨为什么灾难会降临到自己头上，有的人因此消沉下去，有的人甚至结束自己的生命。但王争却以他积极乐观的态度对待生活，而生活也回报给他一个满意的答卷！

王争的故事再一次告诉我们：人生三分天注定，七分靠打拼，爱拼才会赢！

心灵成长故事与分析三

失去父亲的男生

上课时，有人找小勇，说他的父亲因病过世，让他立即回家。我听说小勇的母亲在农村务农，50 岁了，失去了丈夫，生活非常艰辛，几个女儿已经出嫁，家境很困难。小勇担任班长，学习非常认真，对老师也很有礼貌。听说他这么小就失去父亲，家境又这么贫困，当我再次见到小勇时，就给了他一封信，鼓励他要坚强，同时在信封里夹了 200 元钱，希望能帮助他。

第二天，小勇给了我一封回信，感谢我对他的关心和帮助，但他把 200 元退给了我。他说，虽然他的家庭非常贫困，但如果他现在就接受别人的帮助，那么这一生他都不可能依靠自己生活。他说，父亲走了，作为家中唯一的男孩，他放假会去打工，到建筑工地干活。他要依靠自己生活，所以他将 200 元还给我。

此后，他没有因为父亲的去世而过分悲伤，依然很努力地学习，成绩一直很好。毕业后，他多次给我打电话，告诉我他在单位干得很好，各方面都很不错。后来，他结婚了，妻子很爱他，他们的婚姻非常幸福。现在，小勇已经是车间主任了。

每年的教师节或春节，我都会收到小勇的电话或短信。这么多年，他一直这样做。其实，我只是他的一个任课老师，但他一直懂得感恩。

和小勇有着同样经历的还有另一个男孩小辉，也是父亲过世后，随母亲生活。母亲没工作，靠卖自己种的菜维持生活，家中还有一个妹妹在读初中。小辉家非常贫困。他在学校穿的都是老师们送给他的旧衣服和旧鞋子。他家里的房屋经常漏雨，常常用水盆接水。有次家访，正遇上下大雨。老师们看到他家的屋顶一直漏水。他告诉老师，因为是老屋，找人上房顶揭瓦修过几次，但还是漏水。

小辉学习非常认真，担任学生会主席。每年暑假，那么炎热，他都在建筑工地干活。与其他建筑工人比，小辉不仅年龄较小，而且个子也很瘦小，但他干活和其他人一样，每天工作时间都超过 12 小时，可他从没喊过苦累。他说，不少学生也来打零工，常常做了一两天就坚持不住走人了。所以，后来有熟人介绍学生到工地干活，工地老板都不愿意。可小辉却一直坚持在工地干活，在学校读书的几年里，工地老板对他很熟悉了。什么时候他说来干活，工地老板都同意。所以，每逢周末或其他休息日，只要小辉过去干活，他们都按天给他计工资。

那时，我们看到小辉这样能吃苦，都很感动。有的老师主动给他钱，希望能帮助他，都被他拒绝了。他说，自己有力气，能吃苦，不希望依靠别人的捐赠来维持生活。每年暑假，他都能挣 2000 多元钱。靠着这些钱他不仅能维持自己的生活，还可以补贴家用。小辉很节约，从没买过新衣服、鞋子，在食堂只吃青菜，不买肉吃。他在家特别勤劳，主动帮妈妈做家务事，这让妈妈很省心。因为学习成绩好，学校给他发了专项奖学金 1000 元。他用这些钱，交了妹妹的学费。由于能吃苦，又有担任学生会主席的经历，毕业时很多单位都要他。他在工作岗位上，因为能吃苦，很快被提拔为公司中层领导。

【分析】

我们无法选择自己的人生遭遇，但我们可以改变对待不幸遭遇的态度。即使我们无力改变发生的悲剧和不幸，但这并不代表我们无法把握命运。当你能积极面对自己的遭遇，坦然对待生活中的不幸和挫折，寻求积极的方式创造生命的奇迹，那么我们一样能拥有精彩的人生！小勇和小辉虽然经历了失去父亲的痛苦，但他们没有因此消沉，也没有因此荒废学业，反而是穷人的孩子早当家。作为家中唯一的男孩，他们承担起了男人的责任，也为母亲撑起了一片新的天空！而这也创造了他们自己新的生活，成为老师和学生尊重的人！

在做心理咨询工作中，我遇到很多前来求助的父母，特别是母亲。他们也许离婚，也许是配偶意外或生病死亡。为了不让唯一的孩子受委屈，他们没有再婚，而是一心抚养孩子。有时因为受到自身文化的限制，或是为了挣钱他们在外地打工，将孩子放在爷爷奶奶或外公外婆那里抚养。也许是老人的教育方式不当，结果不是孩子娇生惯养，不能吃苦，就是沉迷网络，无心学习。因为孩子无心学习又不愿吃苦工作，使得这些父母心力交瘁，在我面前他们甚至泪流满面。

有一位父亲其女儿上网成瘾，刚给了女儿 100 元，转眼就找不到女儿，最后在网吧找到她时，她已经因为上网和买吃的用了 60 多元。而父亲是靠打零工，每月收入只有 700 元。父亲告诉我，妻子因病去世后，他就想一心教育好女儿。但因为自己没有技术，找不到好工作，只能靠打零工挣钱，每月他给女儿 500 元，可女儿经常说钱不够用，总向别人借钱。另一个搬家公司的工人告诉我，他和妻子离婚后，一个人独自抚养儿子。自己每天干活又苦又累，但儿子读技校后却早早恋爱了，经常不回家。一回家就向他要钱，觉得儿子就是讨债的。他们给我讲这些时，忍不住地流泪，但他们的孩子在一旁听着父亲的述说，常常无动于衷。

在国外，孩子到了 18 岁，父母就不再管他们。他们常常需要靠自己打工挣钱养活自己。而在我国，父母对孩子照顾得太好了，以至于一些孩子没有责任感。

虽然父母在教育我们时，可能存在一些不足之处，但父母也是人。人无完人，父母也会犯错误，我们要懂得宽容和原谅他们。而且，当我们18岁成人后，我们要学会对自己的人生负责，而不要一味地责备父母。希望小勇和小辉的故事让这些孩子明白：父母的爱也是需要回报的。我们要想想该怎样回报我们的父母，感恩父母，而不要让他们一生都为我们操心。

面对父母在教育我们时出现的一些不当之处，我们也要学会宽容和体谅他们。或许他们读书不多，为了赚钱，他们已经很累了。我们不能要求我们的父母既要辛苦赚钱，又是教育家、心理学家，那对他们太不公平了。

阅读链接

宽容父母

一首名为《隐形的翅膀》的歌曲广为传唱一年后，一部同名电影又在古城西安开始热播。这部电影演绎失去双臂小姑娘自强不息，最终考上大学的故事片的主人公原型之一是23岁的女大学生李智华。

1984年2月，李智华出生在内蒙古的一个农村。父亲是农民，母亲患有间歇性精神病，常年服药。李智华还有一个哥一个姐。李智华出生一百天的那日晚上，她患病的母亲再次从家门前走失。独自在家的李智华夜半睡醒后，找不到身边一位亲人，又哭又闹时用手打翻了身边照明用的油灯。顿时大火引燃了李智华所铺着的被褥。李智华被救出后，就永远失去了双臂。她的头及左脸颊也留下了永久的伤痕。因为残疾，李智华被拒之校门之外。为了不成为别人的累赘，她坚持用脚趾夹起筷子汤勺。凭借自己的努力，她学会了用脚吃饭穿衣，用脚趾穿针引线、驾驶四轮拖拉机、洗衣服、做饭、熟练操作电脑键盘。

她为了上学所付出的一切，感动了当年拒收她的小学，终于正式招收她为新生。初中毕业后，李智华考上了省重点中学，但同样因身体状况"不便于学习"，再次被拒之校门之外。为了实现再次入学的梦想，李智华不断用脚给学校和媒体写求助信。终于，她被包头市轻工业中专学校免费录取，成了一名工艺美术专业的学生。三年后，她又通过努力，成了该校至今唯——位考上大学的中专学生。在记者采访李智华时，她已从西安欧亚学院艺术设计系大专毕业，成为该校本科段的新生，同时又旁听西安交通大学书法系的专业课，又在校外补习班强化外语。李智华说希望自己能成为2008年书法系的硕士研究生。李智华认为"人人只要努力，个个也许都会成功"。

在看关于李智华事迹的报道中，记者问她是否恨妈妈，她回答说，她不恨妈妈。她曾希望长大后给妈妈治病。妈妈生前清醒时也问过李智华："恨妈妈吗？"曾对她说："长大后，妈妈把手借给你。"当妈妈最终因为发病离家出走死在外面时，李智华说，妈妈是最爱自己的人，失去妈妈比她失去手更难过！

每天，很多学生来我这里咨询，尤其是一些处于青春期的学生，不少人和父母的矛盾很大。他们对父母充满了不满，甚至水火不容。这是他们这个年龄段的一种正常表现，因为青春期逆反，主要的反抗对象就是父母。但希望这些学生能明白：我们年轻，会犯错误；父母虽然是大人，但不是神，所以一样会犯错误。我们应该理解、宽容他们。现在的父母太不容易，竞争压力大，钱不好赚，工作不好找，还可能下岗，还要买房子、买车子，还要给孩子提供好的学习条件和生活条件。我们不能既要求他们会赚钱，又要求他们是教育家、心理学家，还要求他们绝对不犯错误。这对他们不公平！

人是在犯错误中长大、成熟的。现在多数家庭只有一个孩子，父母不是一开始就知道怎样做父母。他们需要逐渐摸索经验，慢慢懂得如何做父母。作为孩子，要给他们机会，让他们学着做父母；让他们在犯错误和改正错误的过程中，成为成熟的父母！我们年轻，我们犯错可以得到原谅；可我们的父母，他们是年轻的父母，当然也允许他们犯错误！因为他们是人，不是神！是人就会犯错！父母需要我们的理解、宽容和原谅！这样父母就能和我们共同成长、成熟！

阳光女孩崔明伟

崔明伟是河南南阳市卧龙二中初二学生，今年15岁。12岁那年，她父亲因病去世。从此，她独自承担起照顾患有精神病的母亲的责任。

崔明伟的父亲是个孤儿，直到40多岁，还没有结婚。后来，他将流浪到他们村里、患有精神病的崔明伟的母亲领回家里，两年以后，有了崔明伟。母亲不仅是精神病人，还是聋哑人，崔明伟无法和她沟通和交流，但父亲的爱还是让崔明伟感到自己的童年是非常幸福的。直到12岁那年，父亲因病去世，她才感到了这个家没有了依靠，她要独自承担起家庭的全部责任。

一直以来，她和母亲没有交流，甚至她从来都没有喊过"妈妈"，因为母亲犯病时经常打人，她认为母亲不懂感情，没有爱。可父亲走后，一天母亲在屋里引火自杀。在乡亲们的帮助下，母亲被救了出来。此后，母亲经常向她比画着父亲，她这才知道母亲也是有感情、懂得爱的人，从此，她感到自己肩上的担子更重了，因为母亲最需要她，她是母亲唯一的亲人。

一次，邻居给了崔明伟两个苹果，她舍不得吃，拿回家和母亲分享。可母亲拿着不吃，直到看到她吃完了，母亲又把自己的苹果拿给她吃。虽然母亲犯病时，也会无故打骂自己，可她不怪母亲，想到母亲对自己点点滴滴细致的爱，比如，母亲不犯病时，会握着自己的手贴到她脸上，或看到母亲对她笑，崔明伟就感到自己很幸福、很开心。

崔明伟独特的经历引起了社会关注，当地民政局为了减轻她的负担，主动提出将她的母亲接到敬老院生活，可崔明伟拒绝了。她说想亲自照顾母亲，不想让别人照顾母亲。她说，只要能和妈妈生活在一起，自己就什么也不怕。

母亲在父亲死后，一次犯病在村上乱跑，结果右腿被车撞断了，只能坐在轮椅上。每天要把体重150多斤的母亲抱上轮椅，而且母亲常常不配合，这耽误了崔明伟不少时间，有时上课也会迟到。但崔明伟从不埋怨母亲，也不向别人诉苦。她觉得既然已经迟到了，也没什么好解释的，一切都得自己承受。母亲大小便失禁，每天都尿床。于是，她每天都要将母亲的衣服、裤子和床单清洗干净，因为家里实在没有多余的衣物换洗。尽管生活如此艰难，可崔明伟认为自己照顾母亲是天经地义的事，她不觉得累。

父亲走后，她偷偷将父亲的身份证藏了起来，那是父亲唯一的照片。痛苦时，她会对着照片和父亲说话。她说自己最大的遗憾，是父亲活着时，没有照一张全家福。如今，她希望能和母亲照张合影。在记者的帮助下，她终于完成了这一心愿。照相那天，她搂着母亲，露出了灿烂的笑容！

如今，民政局为崔明伟申请了低保，学校也减免了她的学费。每天中午，她还会自己去捡一些废品，卖些钱补贴家用。记者看着崔明伟每天开销的账单，崔明伟从没有为自己买过一次零食。记者问她，什么样的家庭是幸福的？她说，能和爸爸、妈妈生活在一起的家庭就是最幸福的。记者问，"如果能和妈妈说话，你会和妈妈说什么？"她想了想说，"我会说：'妈妈，我很爱您！'"

虽然生活给了崔明伟这么多不幸和磨难，但她看起来还是那么阳光，在学校是一个品学兼优的学生。她和同学相处得很好，同学们都很喜欢她，也非常佩服她。

心灵成长故事与分析四

身材矮小的男生

第一次上小东的语文课，我发现他的声音非常洪亮，而且非常胆大，口才也很好，知识面很广。于是，当学校组织演讲比赛时，我建议小东去参加，他也因此取得了演讲比赛的第一名。

后来，我了解到小东在学生会担任文艺部部长，还被评为校园之星。他多次在学校的文艺演出时担任主持人。他自编自演的相声逗得大家非常开心。小东每年都被评为三好学生，获学校一等奖学金。

小东非常白净，给人很开朗、很自信的感觉，只是他的身高不足一米五。作为一个20岁的男生，这样的身高总让人不满意，但我在小东身上看不出一点自卑的感觉。他非常活跃，是一个很阳光的男生。我上语文课时，他非常认真，与一般的技校学生相比，他的知识面比别人宽得多。

注意到小东的与众不同，这让我有了想要了解他的冲动。终于，在他又一次主持完学校的文艺演出后，我请他到我的办公室。我说，我想写一本给技校学生的书，我看他个子不高，但非常自信，所以，希望能了解他的故事。

小东告诉我，在他还不记事时，他母亲因为父亲得了一场重病，误以为父亲无法活过来，于是就和父亲离婚了。之后，母亲远嫁他乡，从此，他失去了母亲的消息。他告诉我，自他记事以来，就不知道母亲长得什么样，家中也没有母亲的照片。父母离婚时，他只有两三岁。

之后，父亲竟然奇迹般地活过来了，但却要带着4个孩子一起生活。生活的艰难可想而知，小东是最小的儿子。他有两个姐姐和一个哥哥。两个姐姐早早打工嫁人了，哥哥没读完初中也出去打工了。儿时父亲因忙于生计，整天都在外面，姐姐她们又外出打工，只有小东和哥哥留在家中。因为没人照顾，小东很小就学会了做家务、弄饭菜。因为没有父母的严格管教，小东和哥哥不懂得约束自己，特别是小东，总是话很多，有时大人也因此责备他多嘴。

为了生活，小东从小就和哥哥一起捡煤渣、拾柴火。那些苦难的日子，小东说得轻描淡写。小东说，因为从小目睹了父亲的艰辛，所以对于苦日子，他已经习惯了。

小东说，从小学到初中，他没有因为自己的身高而不快乐，因为同学从小一起长大，他们对他很好，那时男同学都不高，所以，他也没觉得和他们有什么不同。

初中的班主任是音乐老师，因为他们的学习成绩很一般，被分在普通班。初三时，学校和老师对他们都失去了信心，所以，只要有技校老师来学校招生，老师就会对他们说："你们将来都是读技校的。你们成绩这样差，将来不用上高中考大学。另外两个重点班的学生才是读高中上大学的料。"因为不断有技校来招生，老师又经常用这样的语言刺激他们，而且技校招生的老师只来他们这些普通班做宣传，不去重点班。小东说，正因为老师这样对待他们，反而坚定了他们认真读书考高中的决心。

初三那年，他们出奇地用功，结果他们班的同学竟然都以不错的成绩考上了高中，有些还考上了重点高中，小东也成为一所普通高中的学生。

读高中后，小东因为来自一个小镇，同学中不少是从城里来的，那些同学看不起他们。而且在小学，男同学个子普遍不高，可上了高中后，有的男同学身高一米八甚至一米九，一米四的小东在同学中格外显眼，班上的女同学都比他高很多。这时小东感受到同学异样的眼光，他开始自卑，也不愿意和同学多说话。好在高二换了新的班主任，正是这个班主任发现了小东的强项，因为小东的地理学得特别好，而班主任是地理老师。

也许是被班主任发现了潜能，小东成为班主任关注的对象。班主任让小东担任地理课代表，还让他担任学习委员。很多同学经常问小东地理知识，而且，小东的文科综合也很棒，所以，其他班的同学也开始请教小东。这时，班主任又发现了小东的口才很好，经常让小东担任主持人，小东因此成为学校著名主持人。

这一切让小东自信起来，在一次考试中，小东成为学校的地理状元。小东说，这不仅给自己带来了荣誉，也给自己带来了压力。为了继续保持地理科状元的荣誉，他不敢偷懒，每天睡得很少，学习非常刻苦。他不希望有人取代他成为地理科的状元。因为在普通文科班，成为地理单科状元他是学校有史以来的第一人。以往的状元都是被两个重点班的学生包揽了。所以，从高二到高三，小东非常用功，也因此对知识有了积累和沉淀。

虽然小东个子小，但因为他经常主持节目，学习成绩也不错，尤其是成为地理状元之后，小东在学校就成了名人。很多老师都把小东树为典型，希望其他同学向他学习。不少同学也主动向小东请教，向他取经。

到了高三，眼看还有两个月就要高考了，因为小东在一所普通中学，每年考上大学的比例非常少。学校有两个重点班，考上大学的一般都是重点班的学生。所以，像小东这样在普通班的学生，考上大学的可能性很小。也正因为如此，他的同班同学都非常放松。

小东说，他喜欢和高年级的学生一起玩，并向他们请教高考的经验。他从他们那里知道了高考是一个知识积累的过程，临时抱佛脚没用，不能仅靠高考前一两个月的努力就可以超常发挥，所以，他在高二和高三时非常努力，为高考做了充分的准备，在临近高考的一两个月他的心态很平和。全班同学基本上做好了上技校或出去打工的准备。他们认定自己考不上大学，在临近高考的日子里非常放松。他们每天在一起谈论准备去哪儿工作，或是上哪一所技校。

另外，他也从历届高考学生那里学习了一些经验。他们告诉他，6月7日上午9:00～11:30考语文，下午15:00～17:00考数学，而6月8日上午9:00～11:30考综合，下午15:00～17:00考外语。因此，平时要训练成和高考的时间一致的学习习惯，尽可能在上午9:00～11:30做语文和文科综合的试卷，而下午15:00～17:00做数学和英语试卷，让平时的生物钟和高考时间一致。那些学生还告诉他，睡觉等作息时间也要在高考前两个月调整过来。也就是从4月开始，就要养成上午9:00～11:30和下午15:00～17:00做题的习惯，而晚上要养成11点之前睡觉的习惯。

到了高考前的两个月，也就是从4月开始，就不要熬夜学习，尽量放松自己，不要临时抱佛脚，天天开夜车。那样是没用的，因为知识不是靠临考前的临时磨刀。因此，在高考前，小东他们比较放松，他们每天都去运动，晚上也睡得很香。

小东说，自己那时的地理已经是学校的状元，所以，他认为再将时间用在地理上已经没有意义，因为再想提高成绩难度已经很大了，还不如将时间和精力用在自己的弱项上。小东说，自己的英语很差，经常考二三十分，数学也不好，只考六七十分，语文也是六七十分（所有科目的满分都为一百五十分）。所以，小东将自己的时间和精力主要放在英语、数学和语文上。结果，他的英语高考时竟然奇迹般地考了68分，超过了平时最高分38分。这自然让他高考的总成绩上去了，同样数学和语文他也有了很大的进步。因此，那年高考，他考了498分，成为了他们学校普通班文科状元，考上了二本B线。只是因为当初他填报的专业父亲不喜欢，而且上二本B线每年学费要1万多元，父亲每月打工只有600元的工资。最终，父亲和他商量后，小东决定读技校。

虽然很不甘心，但小东理解父亲的决定。因为家中实在太困难了。两个姐姐虽然嫁人了，但她们的生活也非常苦。哥哥在外打工，因为没有技术，哥哥的收入只能勉强维持自己的温饱。父亲年岁已高，又下岗了，找了一个看大门的工作，每月收入只有600元。现在读技校，因为是城市户口，又没

有低保，所以每学期还要交 1800 元的学费。

　　小东说，父亲这一生太难了。为了 4 个孩子，父亲没有再婚。虽然父亲很少管教儿女，但儿女都理解父亲的艰难。有时父亲对儿女过于严厉，比如，小东已经 20 岁了，父亲还严格要求小东按时回家，不准在外面玩耍，他也尽量不让父亲生气。每天放学后，小东还要买菜回家做饭给父亲吃，因为父亲上班三班倒，全部家务也是小东自己做。小东说，穷人的孩子早当家，他这一生最大的愿望就是将来让父亲过上好日子。

　　小东说，上技校时，班主任是一位年轻有为的老师，鼓励他们认真学技术，将来一定会有出息，这更坚定了小东读技校的决定。而且，因为经常担任主持人，小东在学校也是名人。小东说，自己在技校想成为校园之星和入党，如今，小东已经实现了自己的愿望。

　　即将面临工作，小东说，自己的身高虽不占优势，但有多年在技校当主持人的经验，锻炼了自己的胆量和口才，而且，自己学习一直非常用功，成绩名列前茅，又是学生会、文学社成员，每年都是三好学生，他对自己的未来充满了希望。

【分析】

　　小东是班上最矮的男生，但我看不到他自卑的影子。我在技校从事心理咨询工作多年，看到太多学生因为读技校而自卑。而像小东这样身高的学生，很多非常自卑。曾经有个子矮小的学生在分配前找到我，说他在网上看到有做增高手术的广告，希望通过手术让自己增高，为就业有一个好形象做准备，问我这样增高是否有风险。

　　我说任何一个手术都有风险，而且增高手术是否有效，并没有人提供有效的证据，只是网上的一个广告，还是有风险的。所以，希望那个学生和家长商量后再作决定。最终，那个学生放弃了做手术。从这个案例中，我们可以知道，技校学生在面临就业时，往往会因为身高或长相的问题而苦恼。

　　但在小东身上，我看不到这些。当小东告诉我他的家庭情况时，我非常惊讶。因为小东是那么阳光和自信，我以为他来自一个经济条件较好的家庭。可我没想到，他经历了那么坎坷的童年。我问他为什么那么自信？他说，穷人的孩子早当家吧。有什么办法，从小就没有妈妈，他只能很懂事，不能惹爸爸生气，因为爸爸太不容易了。而且，小东非常努力，他心中坚定了一个信念，就是将来不要让爸爸再这么辛苦了。

　　小东告诉我，他最不愿看到的是爸爸的背影。爸爸只有 50 多岁，但背已经很驼，头发也全白了。从后面看到父亲的背影，小东总是很心酸，所以，他希望将来能找一份好工作，多挣钱，让爸爸生活好一点。虽然考上大学没有去读，很多邻居对此也有议论，高中同学和老师也觉得很可惜，但小东说，这是没办法的，因为爸爸无法筹到他上大学的学费。

在技校，我见过不少个子小的女生，但她们很努力，成绩很好，在班上担任班长等，在学生会也任职。这些女生很优秀，她们努力发挥自己的潜能和强项。如其中一个女生，在班上担任班长，在同学中非常有威信，体育成绩也很好，在校运会上赛跑总是拿冠军，老师和同学都很喜欢她。毕业后也很有成就，她找了一个身高一米八的男孩结婚，丈夫很爱她，说是因为她的自信打动了他。

另一个女生个子也只有一米四。我第一次上课时，发现她的字写得非常漂亮，之后，又发现她的文章写得很好。后来，她告诉我，高中毕业后，她到外面打工两年，发现没有技术找工作很难，所以，就回技校读书了。因为有过工作的经历，所以，她很珍惜再次回到学校读书的机会。一次运动会上，她和我们在主席台上，担任运动会广播稿的改稿人员。

那天突然下起大雨，我们只好站在一个大雨伞下躲雨。这时，那个身高一米八的帅气的男广播员，对这个女生说："你这么矮，和我们在一起，你不觉得自卑，有碍市容吗？"只见这个女生低下头，故意非常伤心地说："对不起，太对不起你们了。我回家一定要好好教训我的爸爸妈妈，问他们为什么把我生得这么矮，让你们和我站在一起，都感到我有碍市容。都是我的错，我错了，我回家一定好好教训我的爸爸妈妈，我对不起你们。"女孩这样一说，我们都笑了。可以看出这是一个多么自信的女生。这个女生担任学校文学社的社长，非常有魄力，老师和同学都很喜欢她。

我还见过一个鼻子上长着一个很大的黑色肉瘤的女生。她每天都乐呵呵地和其他同学一起去打饭，一路上有说有笑。虽然她鼻子上那个大大的黑瘤是那么显眼，但女孩没有因此自卑，依然很快乐地学习和生活。

长相是爸妈给的，身高也是我们无法改变的，但我们可以控制和改变的是我们的心情以及我们对此的看法。我看过残疾人娶了漂亮的妻子。他们虽然身体残疾，但依然自强不息。就如小东，虽然一米五的身材在男生中比较矮小，但他一直都懂得用内在的知识超越自己，发挥自身的优势，那么，人们就会忽视我们的弱势。

小东让我感动的第二个原因是，他来自单亲家庭，父母很早就离异了。父亲独自带着4个年幼的孩子，生活很艰难。但小东并没因此自卑，而是用自己的勤奋和努力，创造了属于自己的奇迹。在高中，他创造了普通文科班高考状元的奇迹；在技校，他成为学校知名的主持人。他用自己的成功告诉我们：只要我们坚定自己的人生目标，就可以做最好的自己！也许小东很平凡，但在他平凡的人生中，有很多值得我们学习的东西。

有两个找我来做咨询的女生。其中一个女生是因为自卑、抑郁而来。女孩的家庭比较幸福和睦，但很自卑，总认为自己什么都不如别人。陪同她一起来的是和她从小一起长大的女友，她说自己什么都不如身边的女友。因为女友长得漂亮，独立性很强，又很自信。

我看了她的女友，也是她的同学，是一个非常漂亮的女孩，但我从她的眼里看出她有着与众不同的生活经历。后来，这个女生告诉我，2008年她的父亲因车祸去世，那年她15岁。现在母亲带着她还有哥哥、两个妹妹一起生活。母亲开着一个小店，哥哥也在读技校，两个妹妹读初二。

女孩告诉我，为了不让妈妈伤心，他们4个孩子承担了全部的家务。两个妹妹正处于青春期，经常打闹，有时让人很烦。虽然自己也有很多伤心的事，可看到妈妈这么辛苦，她总是尽量不让妈妈伤心和生气。即使心里很想发火，但也常常忍着，因为不能让妈妈失望。女孩说，她也有很多伤心的事，但知道不能依靠别人，所以学会了调整自己。为了妈妈，自己只能尽快成长，多为妈妈分担一些。

我做心理咨询近10年，尤其在这几年，我校实行了免费招生以来，我接触了许多有特殊经历的学生。这个女学生和小东，他们有着惊人的相似之处，都来自有4个孩子的单亲家庭，生活的艰难可想而知。他们都是孩子，但他们都一样成熟懂事，他们没有让父母操心和担忧。

和他们相比，另外一些独生子女，每月用钱没计划，没有就向爸妈要。如果父母不能满足他们，还向父母发火，甚至以离家出走等方式威胁父母。所以，希望通过小东这样的故事，能让我们学会为父母着想，要懂得回报父母的爱。

我们不能一直是孩子，我们要成长，培养自己的责任心；在长大的过程中，要逐渐承担起家庭的责任，主动帮助爸妈做家务，学会省吃俭用。每一种爱都是要有回报的，我们多想想用什么来回报我们的父母，那么，我们就不会做出那么多让父母失望的事。"树欲静而风不止，子欲孝而亲不在"，我们应该趁着父母健在时多尽孝心，否则后悔的一定是我们。

同时，无论因为何种原因，只要我们已经选择了读技校，就应该静下心来，尽快适应角色的转变，接受自己成为技术工人的角色。在技校要安心学习，提升自己的综合能力。就如小东原本考上了大学，但因为家里没有钱供他上大学，所以，父亲和他商量后决定读技校。他没有因此抱怨和责备父亲，反而在技校积极表现自己，做最好的自己！

小东告诉我说，如果上大学，他只能上二流的大学，专业也不好，毕业后也许找不到合适的工作，但读技校却不同，因为是自己喜欢的数控专业，而且这个专业就业前景很好，广州、深圳等地也急需这样的工人。所以，他对自己的未来充满了希望。因为我校历年都有学生分在韶钢集团，所以，他希望能去韶钢集团，这样也方便照顾父母。小东说，他人生最大的心愿就是让父亲晚年过上幸福的生活，不要父亲一生这么辛苦。因为父亲为了他们四个孩子，付出太多了。希望小东能梦想成真！

接 纳 自 我

剑平是一个很帅气的小伙子，听了我关于心理健康的讲座后，通过班主任找到我，说只有我才能帮助他，要不他就退学不读书了，但他又不希望同学知道他来找我，会认为他有心理问题。于是，我只好单独约他。

他非常帅气，只是眼神没有光泽，很暗淡的样子。他告诉我，他过得很不开心，很烦恼。因为他的理想是上大学，可是从高一开始，他总觉得女同学老作弄他、取笑他，所以就不能安心学习。他说，自己在初中学习还不错，可他有两个哥哥，他们的学习成绩都很好。所以，他觉得自己压力很大。

他说，自己原本什么都喜欢。喜欢打篮球、踢足球，可他觉得这都耽误学习，所以，他不敢尽心去运动；他原本口才很好，担任过学生干部，可他觉得做学生干部影响学习，所以，他辞去了学生会的职务。他说自己很累、很不开心，爸爸、妈妈、爷爷、奶奶从小就教育他要学习，最爱他的是奶奶，奶奶最关心他的学习。可他让全家人失望，没有考上大学。奶奶现在过世了，他觉得对不起奶奶。

他说，自己的哥哥也在这所技校读过书，成绩很好，非常优秀，全校老师都认识他。所以，他一来到技校，就感到压力很大，因为老师都认识他哥哥，所以，也就都认识自己，而自己什么都不如哥哥，觉得连老师都看不起他。

他上课老想这些问题，听不进老师讲课，书也看不进去。期中考试因为心情不好，班主任同意他请假回家休息，没参加考试。刚从家回来，他觉得还好，可一上课，他就很烦，还是听不进去。他觉得自己是很有理想、很有志向的人，不想做一个普通的人，可学习不好，将来在社会上找不到好工作，所以，他很烦恼。

以前，他曾想过与其这样活着，还不如死了好，曾多次有过自杀的念头，但他不敢自杀，怕父母伤心。哥哥他们都不理解他，觉得他们那么辛苦挣钱供他读书，他还不争气，老提醒他不要乱花钱。他觉得已经很节约了，可哥哥他们还总提醒自己。他觉得花他们的钱就像欠他们的一样，因此想早点工作挣钱养活自己，所以，就更不想读书了。可不读书，家里人一定很生气，所以，他只能留在学校。

因为第一次见面，我听他说了很多，也把我的想法和他进行了交流。走的时候，他说感觉好多了，叫我放心。

可回去之后，他又开始烦恼了，不断给我发短信，"老师，我还是不行，还是很不开心，我做什么都提不起精神。为什么别人都能开开心心，而我却做不到"。我让他多参加运动，可他说，以前我觉得自己打篮球还不错，可现在，我却是替补队员，我觉得自己很失败，做什么都做不好，别人看不起我。

一次又一次收到他非常悲观的短信，我打算给他做个抑郁自评量表的自测。第二次，他来见我，问我说："老师，我是不是得了抑郁症？""你怎么会认为自己得了抑郁症呢？""我在家经常看心理访谈节目，也看过一些心理学方面的书。我对照书，觉得我得了抑郁症，和上面的症状很像。"我让他做了两个量表的自评，自评结果，他达到了重度抑郁。可我不认为他的问题有这么严重。于是，我对他说："你这是自己认为很严重，所以，你在选择的时候，都选最严重的状况，但实际上，你没有这么严重，只是有一些轻度的抑郁。"

我告诉他，每个人在不同的时期都可能会有些抑郁，但不一定是抑郁症，诊断抑郁症要通过医生的综合观察和评定。后来，我带他去了医院。医生认为，他只是有些抑郁、焦虑、多疑等不良情绪，但不是抑郁症，不需要药物治疗，只要调整自己的思维和观点就可以，但他依然非常痛苦，说老师上课讲了，学习不好，将来会找不到工作。他觉得自己将来一定没出息，可实际上，他很好强，他说自己不希望像其他技校学生一样没出息。

在一次又一次听了他说的话后，我和他也熟悉了，所以，我开始对质他的一些观点。我对他说："你说，你哥哥在学校很优秀，每个老师都认识他，所以你来技校后，因为是他弟弟，所以每个老师也认识你。而你认为自己不如哥哥优秀，所以，你认为老师都觉得你比不上你哥哥。可我告诉你，我上过你哥哥的课，可我不记得你哥哥。因为我教的学生太多了，而且我不善于记学生的名字。所以，我不知道你哥哥是谁。如果不是你来找我，我也不认识你，并不是你想象的所有的老师都认识你哥哥，也认识你。"我对他说这些话时，他感到很吃惊。

我说："我现在说的一些话，可能你听了不舒服，但说了这样的话，你才知道事实和你想象的不同。你说，你读技校不希望像其他学生一样没出息，你希望自己的学习很好。可事实是，来读技校的学生90%都是学习成绩不好的，个别成绩好的读技校是因为家里穷。如果你的成绩好，你会来读技校吗？你一定上大学去了。为什么不接纳事实？你就是学习不够好才来读技校，所以，要接纳自己的现状。"我告诉他，我当语文老师，最初对技校学生要求很高，希望他们爱学习。可20年过去了，我终于接受了事实，技校学生多数学习能力不强，但这并不代表他们没出息。我教过的很多技校学生，他们学习成绩不好，但却很有出息。我给他举例说我的学生，有好几个现在当老板，收入很可观，而且受人尊敬，很有出息。

他说："可我们物流老师说，如果我们学习不好，就找不到好工作，就没出息，因为就业压力太大了。"我说："物流老师说的是对的，可你要知道，全国有这么多技校学生，他们一样要工作，要生存，难道他们就不活了吗？为什么你就不能做普通的人，不能过平常的日子，而一定认为要过得比别人好。你觉得你要学习好，你考100分，这要求你能达到吗？既然你根本达不到，为什么要强求自己？"

"可学习不好，就找不到好工作！"

"学习不好，不一定找不到好工作。如果有一门技术，也一样能有好工作。我的一个学生技校毕业，现在月收入3万元，比我的收入高多了。你现在不是学习问题，而是你每天都不快乐，非常痛苦。上课听不进课，整天胡思乱想，让你很烦恼。那你这样能学习好吗？你看很多技校学生学习成绩不好，但他们每天一样很开心，哪怕是补考，也高高兴兴的，不把这当成一个问题。你在乎学习，可你每天不快乐，每天被很多烦恼纠缠，你认为你能学习好吗？你连心都不能静下来，还怎么学习？你就是一名技校学生，学习能力不强，这就是你，为什么你不接纳自己的现状呢？"

我和他交谈时，我告诉他，我说的话，他听了不舒服，但如果我一味地迎合他，不说这些，他就会一直纠缠这些问题。我说："你想学习好，你希望出人头地，想过好日子。但事实是，就是因为你学习能力不强，你才来读技校。既然这是事实，为什么不接纳自己呢？"我问他："我这样说，你会不会很难过？"他说，不会的，这样他心里反而觉得很舒服，觉得应该接受现实，接纳自己的本来面目。

在经历了一次又一次这样的辩论后，他告诉我，他承认自己虽然想学习好，但自己不努力，另外，自己就是想学好，能力也有限。他开始接纳自己的现状，面对现实，这样，他就不再纠缠于一定要学习好，只有学习好才能找到好工作等绝对化的观念。而他的心情也慢慢变得愉快起来，觉得即使学习成绩不好，即使做普通工人，即使生活不如别人，但只要能自我满足，也就行了。

我接触这样的技校学生不少，他们明明无法做到学习好，但就是要求自己一定要学习好。因为从小父母和老师都希望他们是这样的人，而且很多父母和老师告诉他们，只要学习不好，将来就没出息，就找不到好工作，就会生活得很苦等。这样的观念已经根深蒂固了，深深扎在他们的心里。而这也导致了一些学生绝对化地看问题。

其实，每个人的能力和天赋不一样。越来越多的人相信人具有多方面的能力，而不仅仅依靠学习能力来判断一个人。技校学生，很多因为学习成绩不佳而常常被老师和家长否定，其实我们要正确理解人的能力。

因此，作为技校学生，我们要了解自己的优势，走一条适合自己的道路，而不是盲目崇拜别人走其学习成功的路，羡慕他人是大学生。人的能力是由一定的天赋决定的，如多数学生出现偏科现象，文科成绩好的理科成绩往往不佳，理科成绩好的文科的学习常常困难。这是一种正常现象，因为每个人的天赋不一样。

技校学生多数学习理论知识的能力不佳，但这并不意味着技校学生所有的能力都不佳，因此，技校学生要善于挖掘自己的能力和优势，正确理解能力的观念，这样才能接纳自我。一个人只有接纳自我，才能比较自信，也就能发挥自己的优势，对自己感到满意，而这对一些学习成绩不好的学生，如技校学生尤为重要。

第二章

挫折是我们
生命的一部分

【心理咨询案例导读】

某技校19岁男生的父母在一次车祸中，母亲当场死亡，父亲在医院抢救一个月后死亡。男孩是家中唯一的孩子，处理完索赔及父母的后事，男孩经常流露出自杀的念头，男孩的叔叔们非常担心他。因此，在班主任的要求下，男生来到咨询室。

这是一个身高一米八五非常帅气的男生，但眼里流露着悲伤。他告诉我，父母非常爱他，是在特地来学校看望他的路上出的交通事故。至今，他都无法接受事实，不敢相信父母真的永远离开了他。因为从小父母非常恩爱，也很宠爱他。他不明白这一切是怎么发生的，为什么把他一个人留下来？他活着还有什么意义？

男生说这一切时极力控制着不流泪。我问他是谁让他来读技校的，他说是母亲。我说，你母亲那么爱你，希望你技校毕业后继承家族事业。你是家里唯一的孩子，父母死了，但他们知道你还活着，还会给他们传宗接代。技校毕业后，你可以结婚生子，带着老婆、孩子去父母的坟头，告诉他们，你结婚了有了孩子，完成了传宗接代的任务……

男生说，他明白了。为了父母的爱，他不会自杀。然后，他按照我说的，把想对父母说的话写了一封信以表达他的思念，然后在父母坟前烧了这封信，和父母做一个告别，并答应父母会好好活下去，将来结婚生子后，带着老婆孩子一起去看望他们。

当时正是汶川地震之后，我对男生说，在地震中，为了救活一条生命，国家付出了多少代价，现在，你的父母在一个月内死亡，就如汶川地震一样。很多人在地震中失去了亲人，但全国有很多人在关心他们、支持他们。

我对这个男生说："你和汶川地震中失去亲人的人一样，父母离开了你。这种痛苦常人难以想象，你需要我们的支持和鼓励。"然后，我又将一些有关面对突然来临的死亡怎么办等方面的文章打印给他，希望他能学会积极面对挫折。

面对挫折怎么办？

心结二

一些技校学生来自贫困家庭或单亲家庭，他们从小承受的磨难、打击、挫折比较多。尤其是技校学生因为学习成绩不好，或中考、高考落榜，他们从小接受的批评和责备较多，承受的挫折也比一般学生多。如案例中 19 岁的男生，面对父母突然死亡的伤痛，他想不通为什么自己经历的挫折会这么多。

一次又一次的挫折和打击，让很多技校学生感觉非常困惑，并成为一些技校学生的心结：为什么挫折总是伴随着我？面对挫折我该怎么办？可谁的人生又能一帆风顺？谁又能不经历挫折呢？挫折是我们人生的一部分，我们必须学会接受和面对挫折。当挫折来临时，我们要以积极的心态面对，学会解决问题，而不是让问题一直折磨我们。以下这些技校学生心灵成长的故事，将告诉我们如何积极面对挫折。

心灵成长故事与分析五

💗 压抑的女生

听了我的心理讲座后，小梅主动找到我。她说我讲课时说老好人容易得癌症，因为老好人脾气性格太好了，凡事满足别人，压抑自己，所以容易得癌症。她说自己活得太压抑了，担心会得癌症，所以找到我。

小梅说，她小学六年级就去小姨家生活。小姨是军医，为人非常严谨、刻板，但小姨很能干，是家中唯一的大学生，家里经济条件也非常好，所以，妈妈让小梅去小姨家生活。小姨家附近有一所重点中学，小梅初一开始就在这所中学读书。

在小姨家 7 年的生活，就如一场噩梦，小梅说，她过得非常不快乐。因为小姨太刻板了，凡事都要按她的要求和标准来做。洗菜、做饭、洗衣都按照她的程序进行，只要不符合她的要求，必遭她的呵斥甚至打骂。

小梅说自己家在农村，家中有父母和妹妹。虽然爸爸、妈妈他们经常送米、送菜到小姨家，但因为自己吃住都在小姨家，小梅感到不好意思。为了报答他们，小梅拼命帮小姨做家务。小姨家是一幢三层楼的别墅，非常漂亮，可所有家务都是小梅承担。小姨要求非常严格，即使地上有一根头发丝，她也会骂自己。如果做菜，淡了或是咸了，都要遭小姨的骂。从初一到高三毕业，小姨只在高一那年参加过一次小梅的家长会，还是因为小梅那次考了年级第一名。

读高三时，小姨生了一个儿子，于是，带孩子的任务也由小梅承担。那时，小梅每天都迟到。虽然从小姨家到学校只需要五六分钟，但因为小姨和姨夫他们喜欢打麻将，小梅做好饭后，还要等他们回家吃饭，可他们常常打麻将到很晚才回家。等他们吃过饭再洗碗，再去学校上晚自习，小梅就一定迟到。老师、同学都很奇怪她家这么近为什么却天天迟到，她没有告诉他们原因。

小梅说，在这7年里，小姨从没对自己笑过。虽然小姨很有钱，但非常小气，说用洗衣机浪费水和电。家里有洗衣机，但从没用过。冬天那么冷，小姨他们的军大衣那么厚，小梅却要用手洗，因此手经常被冻得红肿、开裂。一次，小梅洗了芹菜忘记炒了，小姨因此大骂她，说她瞎了眼，这么大的芹菜都看不见。小梅说，当时她很想哭。小姨看出她想哭，就骂她说："怎么你还想哭？"她连忙忍住眼泪，回答说："不想哭。"也不敢哭，因为如果哭了，小姨会骂得更狠，甚至打她。小梅说，这样的事太多了，小姨还经常打她，可她都忍受了。

小梅说，在小姨家太压抑了，却不敢告诉爸爸和妈妈。妈妈很小气，小梅怕因此影响妈妈和小姨的关系；爸爸脾气大，担心爸爸会因此去骂小姨，所以，只好自己忍着。因为小姨在家中排行最小，外婆他们都很迁就她。外婆知道小姨的脾气古怪，明白小梅承受的委屈和痛苦，但因为是自己的女儿，外婆也不说小姨什么，只是很心疼小梅。

因为来这里读技校免费，所以，通过别人的介绍小梅来读书。小梅说，考大学差2分就能读填报的二本。因为没考上二本，小姨骂自己没出息。在小姨家的7年里，除了做家务，就是待在自己的房间看书。有时候，小梅很想出来看看电视，可一到客厅，小姨就骂她，叫她去看书。整天看书也看不进去，就待在房间发呆，觉得很郁闷，但又不敢违抗小姨的命令。7年里，小梅没看过电视，有时同学讨论新的电视剧，她都一无所知，特别羡慕别人有电视看。

本来，父母还想让妹妹到小姨家读高中，但初中毕业后，妹妹坚决不肯到小姨家。小梅唯一能交流的就是妹妹。她告诉妹妹，不要来小姨家，所以妹妹初中毕业后，就出去打工。挣了几千元回家后，父母看到妹妹晒得很黑，也非常心疼她，就尊重了妹妹的意见，同意妹妹报考了艺校。

小姨还经常在小梅面前骂小梅的父母没出息、没文化、那么穷。她瞧不起小梅的父母，这让小梅很不舒服，但也不敢反抗。而且，小姨和姨夫的感情不好，因为小姨为人刻板，姨夫和她经常吵架、打架。姨夫极少回家。小梅说，高考那几天，他们天天打架，弄得她无法安心考试。只是为了孩子和家产，他们没有离婚。小姨曾想让妈妈把自己过继给她做女儿，但妈妈没同意。小梅说，自己也不愿意。

小梅说，高中那几年，她曾经想在外面租房子住，但不敢提出来，怕小姨不高兴。和小姨生活的 7 年就像坐牢一样痛苦，没有自由，整天被责备。而且自己学习不好，特别是数学不好，所以没考上大学，小姨就更骂自己，说她家条件这么好，住的环境又好，却没考上大学。小梅也觉得自己学习不行。

小梅说，来技校两年了，她没向家里要一分钱，都是靠自己打工赚钱养活自己。小姨问她是否要钱用，她说不用。这两年，她也没回家，因为在家中她和妹妹感情最好，可妹妹这两年在艺校也没回家。她说如果妹妹回家，她才回去。

小梅说，因为小学六年级就去了小姨家，到小姨家后，一放假她就很想回自己家，可小姨不同意，所以，她也不敢回自己家。7 年里，她没回过自己家。由于爸爸、妈妈不善于交谈，所以，她对他们的感情也不深，在一起也不知道说什么。

小梅说，来技校后，小姨曾经叫她回家，说给她介绍一个对象，对方家中有房有车，经济条件很好。可小梅说，一想到小姨她就恐惧，害怕还在她的控制下，所以，她没有回家去相亲。而且，她看到小姨和姨夫，虽然有别墅、有车子，可两个人感情一点也不好，还经常打架。自己的爸妈虽然没什么钱，但爸妈挺恩爱。爸爸对妈妈很好，妈妈很幸福。所以，小梅认为有钱不一定就幸福。

小梅说，现在很自由了，可在这两年里，她还是非常担心，一想到小姨她就恐惧，总觉得小姨就在身边。因为长期被小姨控制和压抑着，即使现在很自由，但却不敢乱用这自由。虽然今年 20 岁了，同学中很多谈恋爱的，也有个男生追求自己，自己也很喜欢这男生，但却不敢谈恋爱，怕小姨知道后骂自己。

小梅说，来技校两年了，小姨从没主动打电话给自己，都是自己主动给她打电话。说到这点，小梅流泪了。尽管小梅一直在述说着她不快乐的往事，每当眼泪要流下来时，都被她控制住没有流。可说到小姨没打电话给自己，她竟然流泪了。这说明，她对小姨的感情非常复杂。

小梅说，7 年里，她已经学会不敢流泪。因为在小姨那里受了太多的委屈，每次想流泪时，都被小姨骂不准流泪。所以，她很少流泪。虽然过去的事让小梅很伤心，但她说得很平静，没有一点愤怒的情绪。

小梅说，由于小姨管得很严，她很少和其他同学交往，有时她觉得自己很傻，懂得知识很少。如同学谈恋爱问题，避孕、怀孕等，她什么都不懂。而且，她几乎不敢单独出门，即使现在非常自由，也不敢和男生交往，更不敢单独和男生见面。小梅说，工作后，她不想回老家，怕又被小姨控制。她说，即使现在，一想到小姨，她还是很害怕、恐惧。但在小姨家这几年，自己很会做家务，做饭炒菜，而且做家务很快，因为三层楼的卫生都要自己搞，做饭炒菜都是自己一个人。

最后，小梅问我："老师，我现在担心自己是否已经得了癌症？你说我这样压抑会得癌症吗？"

"当然不会得癌症。你今天把你的委屈说了出来，以后你工作了，就可以主宰自己的命运，不要再和小姨生活在一起。如果你这一生都和她生活在一起，而你又不善于反抗，一辈子这么压抑，则可能会得癌症。可你现在还小，你已经明白你过去的生活太压抑了，以后不能再过这样的生活，你可以改变自己的生活，当然不会得癌症。"

"老师，那我就放心了。我怕我现在就得癌症，好伤心呀。"小梅第一次露出了笑容。

"只是你以后要改变自己的个性，不要太迁就别人，委屈自己。如果心中有委屈，要找人倾诉。当然，你今年已经 20 岁了，如果 18 岁之前，我会告诉你，你的家长需要作出改变。可 18 岁之后，你已经成年了，你要对自己的生活负责任。即使过去有不快乐的记忆，也要试着将它遗忘。

"任何事情都有两面，比如，你没考上大学不能全怪你，你已经很用功了。高中三年，你承担了太多的家务，还要带小孩，而且经常要面对小姨的冷脸，所以，你没考上大学，她也有责任。

"事情已经过去了，读技校也是你的选择，所以，小姨过去的错误我们就不要追究了。小姨在教育你时，也有有利之处。如因为她的严厉，你不敢轻易谈恋爱，也不敢和陌生男生见面，更不会随便和男性单独交往，这也保护了你。否则，像你这么单纯的女孩，很容易受骗上当。而且，小姨从小训练你做家务、做饭菜、搞卫生，这培养了你善于操持家务和独立生活的能力。将来你恋爱、结婚，这是非常优秀的品质，而且，在技校读书的这两年，你靠自己打工挣钱养活自己，不要家里的一分钱，这也是非常独立的表现。你将来会精打细算地过日子，这也是优点。所以，任何事都有得有失，如果不是因为小姨的苛刻、严厉，你就不会有这么多优秀的品质。尽管小姨对你过分苛求，但你并没有抱怨她，你对她还是很尊重。你的隐忍，也许能成就你。只是，以后你能独立自主了，不要过于压抑自己。"

然后，我和她谈了其他一些成长中的问题，我对她说："你从小一直很压抑自己，以后有什么烦恼，可以和我谈。你就把我当成你妈妈一样。只要你愿意信任我，我很愿意帮助你。"走的时候，小梅心情非常愉快，她对我说："老师，您真好！我可以和您拥抱一下吗？""当然可以。"

小梅紧紧抱着我说："老师，谢谢您。我现在轻松多了。以后我有事再找您。就把您当成我的妈妈好吗？""好的。"

小梅让我感动的原因，是作为一个参加高考的学生，她比常人承受了更多的不容易。小姨对她的过分苛求和她承担了太多的家务，这不是一个高三学生应该承担的一切，所以，虽然只差两分就可以上本科，最终与自己的梦想失之交臂，可她没有埋怨家人，只怪自己学习不好。小梅对生活有积极的向往，对未来的生活，包括工作和婚姻，她都有自己的打算。

在技校两年里，她一直利用周末和寒暑假时间打工挣钱养活自己。两年时间，父母和小姨他们都问过她是否要钱，可她说不要。她自己打工挣钱，而且都是和同学一起去打工。小梅用钱非常省，很少逛街买衣服等，在技校她还报考了成人大专，参加了大专的学习，学费也是自己挣的。

小梅很恬静，有很多男孩追求她，但她不敢谈恋爱。因为即将毕业，有一个心仪的男生一直追求她两年了，这个男生各方面条件都很不错，而且是老乡。我开玩笑说，都已经20岁了，明年就要工作了，如果你也很喜欢他，工作后如果能在一个城市，也可以考虑。小梅说，她要再想想。

虽然小梅读技校后，有很多自由，但她没有滥用自己的自由，而是很认真地面对生活，既没有谈恋爱，也没有荒废学业。她在搞好学习的同时，多方面打工挣钱养活自己，非常积极努力地学习和生活。

我想，如果小梅能有一个和睦的家庭，不要承担那么多的家务，小梅肯定能考上大学。在这件事后，我对上大学的女儿说："你看别人是怎样读高中的？三年高中，要搞三层楼的卫生，要做全家人的饭菜，要帮助带小孩，要洗衣服、被子，还要看别人的脸色，还要高考。而她只差了两分就考上二本。她考大学太不容易了，没考上大学不是她的错，因为她没有一个很好的学习和生活环境。想想你是怎样上大学的，妈妈全天候地陪伴你，为你做饭菜，为你洗衣服，还要给你进行心理调适。所以，他们没上大学是可以理解的。"

我想，很多没考上大学的高中生，最终选择读技校，很多也是非常用功的，但由于没有一个很好的家庭环境，缺乏应有的关爱和支持，也缺乏和父母良好的沟通，所以，我们不能责备这些技校学生学习不好，在他们身上依然有很多让我们感动的优秀品质。学习不好，不完全是他们的错，作为家长我们也有不可推卸的责任。所以，对于这样的技校学生，我们一样有爱他们的理由。因为他们的隐忍、他们的勤劳、他们的克制、他们的独立和自强，都值得我们欣赏！

很多时候，我们看到技校学生成绩不好，就恨铁不成钢，可如果我们能了解了他们成长过程中不一样的经历甚至是挫折，我们就能宽容和理解他们。不是他们不努力，不是他们不用心学习，而是因为他们生存的环境有的确很恶劣。这种恶劣环境不是没有钱，而是没有关爱，没有沟通和理解！

也许他们中的很多人就像小梅一样，尽管小姨家非常有钱，住豪华别墅，但没有应有的尊重和爱。这样压抑的环境，他们怎能以愉快的心情去学习呢？所以，没考上大学不是他们的错，而是父母和亲人，没给他们创造一个舒适的学习环境和生活环境。

看到小梅的成长，我更能理解技校学生，虽然他们没有考上大学，但不少学生也一定有他们的苦衷，所以他们一样值得我们去爱，也应该获得我们的尊重。我从事心理咨询工作10年了，特别是当我了解了更多技校学生的生活经历后，我对他们充满了爱，他们身上有很多值得我们欣赏的优秀品质。只要我们有一双善于发现技校学生闪光点的眼睛，就会发现很多技校学生值得我们欣赏！

我写这本书时，小梅已经工作几年了。她打电话告诉我，她和在技校追求她的那个老乡结婚了（那个男生当年我特意去了解过，很多老师对他评价很高，说他是一个非常优秀的学生。毕业时，我告诉小梅这个男生很不错，希望她不要错过了），丈夫对她非常好。现在，他们已经靠自己的努力付了首付在广州买了房子，她也怀孕了。她说，现在她很感谢小姨对她严格的教育。虽然那时觉得自己很苦，但现在，她很多良好的生活习惯以及独立的个性都和小姨的教育分不开。而面对小姨不幸的婚姻，小梅说她也从中懂得婚姻需要尊重、平等、沟通，所以，她和丈夫过得很幸福，也很相爱。

但在这里，我要提醒学生，当我们产生了自己无法排解的压抑情绪时，我们需要掌握一定的技巧，学会调节自己，否则，一味地压抑自己，把所有的委屈和不满都埋在心里，就容易出现心理问题，甚至生理疾病，所以，我们需要学习消除不良情绪的方法。

抱怨对生活于事无补

从19个月生病后就成为一个又盲又聋又哑的海伦·凯勒在自传中写道："身体的不自由终究是一种缺憾，我不敢说自己从没有怨天尤人或沮丧的时候，只是我很清楚这样根本于事无补，所以，我总是极力劝诫自己不要钻这牛角尖。"

她在《假如给我三天光明》（摘自《伟大的三大女性自传》，海伦·凯勒等著，王雅欣编译，第2版，哈尔滨：哈尔滨出版社，2007.2）中写道："只有聋人才懂得听觉的价值，只有盲人才能体会到看见事物的幸福。而那些从未遭受视听之苦的人，很少能充分利用这些天赐的感官。他们的眼睛和

耳朵漫不经心地看着、听着周围的一切，心不在焉，也漠不关心，不去鉴赏。还是那句老生常谈的话，当我们拥有的时候，不知道珍惜，一旦失去了，才知道它的可贵。直到生病了，我们才意识到健康的重要。"她继续写道："有时，渴望看到这些东西，我的心在哭泣……可是，那些视觉正常的人对这一切视而不见……或许人性使然，自己拥有的东西不知道珍惜，却羡慕没有的东西。在这一片光明之中，天赋的视觉才能，仅仅是为了便利而用，而不认为是丰富生活的手段，多么可惜呀！"

读到海伦写的这些，我每天在上海的川沙公园运动时，都刻意去看那些花草。看着这些美丽的花朵，我非常激动！我尽力走遍公园的每一个角落，留意身边的每一个人。发现自己拥有正常的视力、听力是多么幸福的一件事，而以前我却忽视了！发现生活中的美，珍惜我们拥有的一切，珍惜身边的每个人，不要抱怨生活给我们的磨难，因为那是在提升我们的能力！这样一想，幸福和快乐就会永远伴随着我们！

消除不良情绪的方法

每个人都要善于控制自己的情绪，否则过于剧烈的情绪活动会降低人的理智水平，但这并不是说我们要一味地压抑自己。否则，过于压抑自己，不仅不能有效地化解不良情绪，还会让我们活得很痛苦。"内因是变化的根据，外因是变化的条件"，因此，我们只有通过学会调节不良情绪的方法，才能有效化解自己的不良情绪。

1. 认知调节

心理学家艾利斯认为，人的情绪困扰并不是由诱发事件引起的，而是对事件的非理性解释与评价引起的。如果改变了非理性观念，调整对诱发事件的认知，消极情绪就会消失。因此，认知方式在促进心理健康的过程中起着根本性的作用。是积极乐观还是消极悲观地看待事物，其心理反应完全不一样。积极乐观的认知方式对免除和减轻心理压力有正面作用，消极悲观的认知方式对心理健康有害。因此积极改变对事物和自身的认知评价将有利于心理健康。

对同一件事，不同的人有不同的情绪体验。如看到一朵带刺的玫瑰，姐姐看到刺说，"真讨厌，这么多刺"。妹妹看到花则欣喜地说："这花真的好美呀！"家里发生了接二连三的烦心事，老大说："真倒霉，倒霉事一件接一件。"老二却说："事不过三，已经是第三件倒霉的事，以后就会好起来了。"

有这么一个传说：两个秀才一同去赶考，刚上路就遇到出殡的队伍，黑漆漆的棺材擦肩而过，其中一位大感晦气，心头愁绪郁结，闷闷不乐，结果没考好而名落孙山；另一位则暗自高兴，因为他觉得：棺材棺材，升官发财，是个好兆头。上了考场，精神爽快文思泉涌，果然一举成名。两个秀才回来后都说自己的预感很灵验，前一个说："碰上那秽物就知道不好了。"后一个则说："果然有官有财！"

同时派到一个地区推销鞋子的营销员，发现这个地区的人不穿鞋子。一个悲观地叹气说："这里的人都不穿鞋子，我无法推销。"而另一个则兴高采烈地说："真是太好了，这里的人还没穿过鞋子，推销鞋子的市场很大。"

就如《山不转水转》歌中唱的"山不转哪水在转，水不转哪云在转，云不转哪风在转"，因此，如果我们换一个角度看问题，就不会那么悲观和消沉了。

2. 合理宣泄，释放压抑

在现实生活中，我们不可能时时如愿，事事称心，免不了会陷入不良情绪之中。不良情绪可以用理智去约束、压抑，但却不能彻底排除。当它们积累到一定程度时，容易导致我们的心理状态失去平衡，甚至引起心理疾病。因此，当一个人遇到难以解决的困惑或苦恼时，要学会合理宣泄。通过宣泄，把自己心中的压抑、焦虑和不安尽情释放出来，从而恢复理智。因为过分压抑的情绪需要及时进行释放，否则压抑的情绪长期得不到发泄，那么随着挫折的增多，消极情绪就会越积越多，甚至导致精神失常。如癌症患者常常是很压抑自己的人。不敢哭、不敢笑、不敢怒、不敢说"不"的人，很难保持稳定的心理健康。

宣泄的方法有：

（1）找人倾诉

心理学研究发现，如果一个人心中有了苦闷，只要找一个合适的倾诉对象及时倾诉，就不会对心理造成大的损害，心理也就可以保持卫生。技校学生经常会遇到一些问题或挫折，他们往往不能自己解决，就会产生苦闷、彷徨的心理，需要一个倾诉的对象。因此，应主动和老师、家长倾诉。如果老师或家长不愿意倾听他们的诉说，甚至不让他们说，如果他们有苦水倒不出来，时间长了就会憋出病来。所以，家长和老师要善于倾听。同时，学生也可以写日记或给自己写信，把心中的苦闷说给自己听。还可以将自己痛苦的心得写出来投稿，表达自己的情感。当然，现在网络信息发达，可以在网上用QQ等与人沟通、聊天，借以消除不良情绪，但要注意网上聊天不要伤害到其他人。

（2）适度痛哭一场

研究表明，哭可以释放体内集聚的能量，排除体内毒素，调整身心平衡，对身体大有益处。刘德华唱的《男人哭吧不是罪》，鼓励男人也可以像女人一样哭泣。爱哭是女性寿命比男性长的原因之一。

（3）运动、听音乐

运动可以使人充满朝气，排解沮丧、抑郁等消极情绪；运动可以使人放松身心，不再紧张、焦虑；运动还可以转移注意力，避免专注于不开心的事；运动还能分泌快乐激素，让自己保持愉快的心情。选择运动的方式因人而异，如与朋友散步、购物；对着高山、河流呐喊；也可与朋友一起打球等。同时，也可以采取放松身体、听音乐跳舞等方法宣泄自己。

运用情绪宣泄法应遵循的原则是：不损害他人、集体和社会的利益，要

合乎社会规范，不应把矛盾进一步激化。同时要适时适度，注意时间、场合及方式。

3. 合理使用心理防御机制

心理防御机制是指个体在应付心理压力或挫折和适应环境时，无意识采用的心理策略。常用的积极心理防御机制有补偿、转移、合理化、升华、幽默等。

（1）补偿

补偿是指当自己原定的目标无法实现时，用一种新的、可能实现的目标替代原来的目标，以现在的成功体验弥补原来失败的痛苦。即所谓"失之东隅，收之桑榆"。也就是用某种方法来弥补自己因生理或心理缺陷而产生的不适感，从而减轻这种不适感。但补偿要注意是以积极的目标替代原来的目标，而不要用一些消极或庸俗的目标替代。如有的人生理上没有优势，但却在其他方面发挥自己的优势。如潘长江虽然个子不高，但用多才多艺补偿自己，实现了其人生价值。

（2）转移

转移是指个体由于某种原因无法对某个人或某件事发泄自己的感情，而转向发泄到比他弱小、较为可靠或者能够接受的其他对象上。如凭借摔打一些无关紧要的物体来发泄自己的痛苦以恢复心理平衡。一般来说，人们所转移的对象与原来的对象有相似的关系，具有代替的性质。但如果过多使用此方法，会出现人际关系方面的问题。

同时，也可以尝试将注意力转移到其他感兴趣、积极有益的活动中去，如出去散步、逛街、听音乐、下棋，或约几个好朋友一起唱歌、跳舞、看电影、郊游等。小说《飘》中的女主角郝思嘉，当遇到无法解决的挫折心情郁闷时，就告诉自己：我今天没有精力处理这一切，而明天又是新的一天（Tomorrow is another day!），所以等明天再想这个问题吧。这就是转移注意力的运用。

如果有条件，可以从受挫折的环境转移到新的环境，即情境转移，以改变自己的心境。如外出旅游等，尽量接触一些新鲜的事物，或参加一些有意义的活动，逐渐淡化、遗忘痛苦的往事。

（3）合理化

合理化又称为文饰，是指个体受到挫折后，常常会用各种理由为之解释和辩护或求得自我谅解、自我安慰，以减少痛苦和烦恼，使心理能够平衡。如"破财消灾"，"知足常乐"，"留得青山在，不怕没柴烧"都是合理化机制的使用。但合理化机制毕竟是"酸葡萄机制"，过多使用会消磨意志，不利于全面健康成长。

（4）升华

升华是指遭遇挫折后，把自己原来不能实现的目标改变为一种高尚的、富有创造性和建设性、有社会价值的目标，从而减轻因挫折而带来的精神痛苦。升华作用能使原来的动机冲突得到宣泄，消除焦虑的情绪，保持心理上的安宁和平衡，还能满足个人创作与成就的需要。张海迪，五岁的时候，因患脊髓血管瘤造成高位截瘫，不能走路。虽然没有机会走进校门，但她发奋努力，学完了小学和中学的全部课程，自学了大学英语和日语还有德语和世界语，并攻读了大学本科和硕士研究生的课程。1983年她开始涉足文学，先后翻译了《海边诊所》等10万字英文小说，创作了《生命的追问》、《轮椅上的梦》等作品，被誉为"当代保尔"，并于2008年当选为中国残疾人联合会主席。

（5）幽默

幽默是指个体处于尴尬的境地时采用玩笑、俏皮话、滑稽等方式进行自我解嘲，借以消除面临的困境，缓解内心的冲突，保持心理的平衡。人格成熟的人在适当的时候使用合适的幽默，可以将大事化小，小事化了，免除尴尬。传说著名的古希腊哲学家苏格拉底的妻子脾气暴躁，一次苏格拉底邀请了一帮朋友在家聚会，妻子冲进来对着他大骂。正当大家非常惊讶之时，突然，妻子把一盆水愤怒地泼向苏格拉底。正当大家非常尴尬，不知怎么办时，苏格拉底笑着说："我早知道雷声之后，必有倾盆大雨。"众人在他的解嘲和幽默中大笑起来，而他的妻子也不好意思地走开了。令人尴尬的场面就被苏格拉底的幽默化解了。

因此，当我们遇到不开心的事时，可以运用补偿、转移、合理化、升华、幽默等成熟的心理防御机制，消除不良情绪的影响。

4. 积极的自我暗示

心理学的研究表明，积极的自我暗示能帮助人控制和调节情绪。当遇到不开心的事时，告诉自己："我能行，一定能渡过难关。""我是一个了不起的人，这点挫折算什么。"可给自己发短信，短信上都是激励自己的内容。如"我是个优秀的人，这点挫折打不到我。"等等。

5. 放松训练法

运用一些简单的自我放松方法可以帮助人缓解紧张和焦虑。通过深呼吸不仅可以缓解紧张和焦虑的情绪，还可以增加大脑的氧气供应。下面介绍两种放松情绪的方法。

（1）深度呼吸法

这种方法简便易行，不受时间、场所、条件的限制。其目的是通过深度呼吸，使身体组织器官与呼吸节律发生共振，进而达到放松的效果。

在放松训练开始前，应选择最合适的姿态，或坐、或站、或躺。开始深呼吸时，全身放松，观察自己呼吸和身体各部位的活动状况。注意自己的肺部在一张一合地呼吸，呼吸频率逐渐降低，呼吸程度加深，身体紧张部位在逐渐放松，当你感到身体的各部位不那么紧张时，请把注意力再转到呼吸上。你似乎在观察自己的呼吸，似乎又没有观察，感觉在有无之间。然后，再用鼻子深吸一口气，再慢慢地、均匀地呼出，呼气的时候平和而舒畅。继

续呼吸，慢慢地、均匀而深长地、平和而舒服地呼吸。接下来，请数呼吸的次数，从1到10，你可以重复10遍、20遍。注意一下你身体各部位的感觉。各部位的感觉在渐渐地与呼吸节律趋于一致。全身的毛孔随肺部的一张一合，有规律地开合。这时你开始感到不仅仅是用肺在呼吸，而且是用身体进行呼吸。吸气的时候，似乎空气从全身的毛孔中吸入；呼气的时候，空气又从毛孔中呼出。吸进新鲜的空气，呼出污浊的空气，渐渐地，你会感到身体的各个部位都很轻松、很舒畅，仿佛整个身体融入大自然之中。最后请你慢慢闭上眼睛，静静地，不去想任何事情，过一两分钟，你就可以做自己该做的事情了。

（2）意象训练法

意象训练法的基本原理是通过想象轻松、愉快的情境，如大海、山川、蓝天、白云、鲜花等达到身心放松的目的。意象训练法的效果取决于想象的生动性和逼真性，意象越清晰、生动，放松的效果就越明显。意象训练不仅能消除疲劳、恢复体力，还可以达到开发智力的效果。

在进行意象训练时，你可以想象某一个特定的静态情境，如沙滩、草地、山川……也可以想象动态、有序的画面，像旅游一样从一个地方到另一个地方。最后，把想象从外部转向自己，如想象自己置身于"天苍苍，野茫茫，风吹草低见牛羊"的辽阔大草原上，成群的牛羊、牧歌正从远处飘来，或者在想象自己置身于开满鲜花的大花园里，红的、黄的、粉的、紫的……花朵正在开放，你甚至能感觉到花儿的芬芳。这时，你的身心会得到一种前所未有的放松。

6. 读名言警句

莫生气诗

人生就像一场戏，因为有缘才相聚。

相扶到老不容易，是否更该去珍惜。

为了小事发脾气，回头想想又何必。

别人生气我不气，气出病来无人替。

我若气死谁如意，况且伤神又费力。

邻居亲朋不要比，儿孙琐事由他去。

吃苦享乐在一起，神仙美慕好伴侣。

不气歌

他人气我我不气，我本无气他来气。

倘若生气中他计，气下病来无人替。

气出病来实可惧，诚恐因气把命去。

我今尝过气中味，不气，不气，真不气。

7. 与比自己更不幸的人比

一个人正在为自己没有鞋穿而悲伤，迎面却走来一个挂着双拐的人，因为对方没有双脚。一个因为没钱买火车票的人正在发牢骚，对面却过来一个身高不足一米的30多岁的女人。那个女人告诉他，她很羡慕别人有买火车票的权利，而她一辈子也没有机会买火车票，因为她是侏儒症患者，身高达不到一米二。要知道，自己绝不是最不幸的，总有很多人比自己还要糟糕，还有很多人羡慕自己。如此比较，我们就容易知足了。

8. 寻求心理咨询师的帮助

如果情绪困扰已经比较严重且长期持续，自己难以调节，应及时寻求心理咨询师的帮助。通过专业人员的指导，采取适当的方式调节自己不良的情绪。必要时，应结合心理治疗和药物治疗。

我在学校做心理咨询多年，看到一些最终成为精神分裂症的学生，其实，他们中的很多人对心理咨询不了解。如果当他们的病情还不是很严重时，及早寻求心理咨询师的帮助，就能避免最终成为精神病患者。

心灵成长故事与分析六

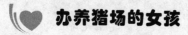

办养猪场的女孩

《人与社会——永不言败》讲的是家在重庆市永川区的农村，一个叫蒋开平的女孩创业的故事。蒋开平职业高中毕业后，在城里找到了一份餐馆收银员的工作，然而仅仅干了三天她就辞职了。因为在城里，看到别人开店赚钱很容易，她觉得既然钱那么好赚，为什么还要给别人打工？因此，蒋开平决定自己开一家服装店。她向父母借了三万元钱，承诺以后还他们十万元，开了个服装店。

蒋开平开服装店没什么经验，在一次进货时又遇到歹徒的抢劫，她为此也曾犹豫和徘徊过，但为了父母，她坚持了下来。虽然自己很努力，但一算账，一年也只挣一万多元钱，蒋开平有些失望。

就在蒋开平彷徨时，一个朋友告诉她，说他有一个亲戚在广州有个服装厂，是个大厂，他们做的是成衣，但绣花、钉珠子等都要拿到外面的小厂加工。这话让蒋开平怦然心动。蒋开平了解到，在重庆市永川区，许多妇女早些年都有过在服装厂打工的经历，只是岁数大了之后才返乡结婚生子。有这么多的熟练工人，蒋开平决定开厂。

因为自己的资金有限，蒋开平说服了几个朋友入股，服装加工厂终于开工了。通过努力，蒋开平不断接到来自新加坡的订单。这一年，蒋开平有近160万元的收入，也兑现了还母亲10万元的承诺。

此后，因为订单不断，蒋开平的服装加工厂的规模越来越大，员工人数很快达到500人。厂子发展如此迅速出乎蒋开平的意料，兴奋之中她开始筹划设立分厂，甚至想要建立企业集团。就在蒋开平踌躇满志谋划企业未来的时候，却发生了一件意外的事。

蒋开平将一批价值一百多万的货发往了新加坡，但是却一直没有回音。当她打电话询问时，对方又发来了一份订单，要求蒋开平再接一份订单，然后一起结算。考虑到双方建立起来的良好合作关系，蒋开平同意了。然而两个月过去了，仍然没有收到汇款，蒋开平沉不住气了。当她再次打电话询问时，对方告诉她，那个厂已经倒闭了。

这两宗订单几乎占用了蒋开平所有的资金，她欲哭无泪，而接下来发生的事则更让她绝望。蒋开平试图再出去找其他的单子来做，但是一个订单都没有，因为金融风暴让其他公司也很难接到订单，于是蒋开平的工厂破产了。

厂子倒闭了，蒋开平只好回家。回到家里，她感觉无法再走出家门，无法面对每一个认识她的人。因为村里人都以她为榜样，教育其他孩子要像她一样有出息，但现在自己的厂子却倒闭了。巨大的反差，让蒋开平整天躺在床上不说话，晚上也无法睡觉。

连续几天，蒋开平一直把自己关在小屋里，甚至连饭也不想吃，这让家里人非常着急。为了让女儿开心，这天，蒋开平的妈妈惊喜地告诉她，说邻居家的母猪下了12只小猪崽，全村的人都去看了，都觉得好可爱，希望蒋开平也去看看。

53

看到日渐苍老的父母忧虑的神情，蒋开平感到非常内疚。因为不忍心再去伤他们的心，于是，蒋开平鼓起勇气跟妈妈到邻居家。没想到一进门，邻居就开玩笑说：你回来这几天不出门，是不是在算你今年赚了多少钱？这话深深刺痛了她的心，蒋开平强忍住悲伤赶忙转移了话题，问邻居养一头猪一年能赚多少钱。邻居告诉她说，一头猪一年能赚不少钱。这时，蒋开平才了解到，为了鼓励农民养猪，政府出台了很多有利的政策。小猪生下来后，政府要进行登记，而且还买保险，如果说被盗了或者死掉了，政府会有补助。因此，养猪肯定能赚钱。

蒋开平觉得眼下猪肉价格很好，政府还鼓励，这不正是一个极好的商机吗？于是，蒋开平到农业局仔细询问了相关的政策，了解到政府还派专人来指导养猪，如果一年能卖上 300 头猪，政府还奖励 10 万元钱，而且所有的猪都会免费上保险。

经过一番咨询，蒋开平心里更有底了。于是，她首先参加了一个政府部门免费举办的养殖技术学习班，然后，又向亲戚和父母借了 60 万元，蒋开平的养猪场办起来了。因为市场有利再加上政府扶持，养猪场办得红红火火，2009 年春节前，养猪场共卖出生猪 700 多头，一次性收回了当初养猪的成本。不久前蒋开平还意外收到了中央电视台《对话》栏目的邀请，她又一次成为村里的名人。

【分析】

蒋开平只是一个普通的职业高中毕业生，在经历一次又一次的挫折后，她不但没有被打倒，反而不断总结经验和教训。在面临挫折时，她能勇敢地走出家门，从而了解到养猪有那么多的优惠政策，产生了办养猪场的想法。

机会要靠自己创造。当处于人生低谷时，我们一定不要把自己关在家里，一定要主动走出去，这样才能发现机遇，而我们的人生也可能因此改变！

我们常说机会总是等待有准备的人，机会更能给予从挫折中吸取教训并不断寻找机会的人！蒋开平的事迹之所以被中央电视台等多家媒体报道，是因为她虽为一个普通职高的毕业生，却以积极的人生态度面对挫折，善于从失败中总结教训。从哪里跌倒，就从哪里爬起来！正因为蒋开平这些优秀的品质，才能让她走出挫折，获得新的成功！

职业高中或技校毕业的学生，从蒋开平的故事中可以获得启发：只要我们积极面对挫折，善于发现生活中新的商机，那么，我们就可以开创属于我们自己的事业，收获我们的成功！也许我们在理论知识或学习能力上不如大学生，但我们吃苦耐劳、耐挫折能力强。我们不在乎做又苦又累的活，我们对生活有现实的期待，我们动手能力较强。就如蒋开平办养猪场一样，虽然很累很脏，但最终，我们经过自己的努力同样可以收获一份成功和回报！

阅读链接

挫折是我们生命的一部分

　　我一直想完成《高考的心理调适》一书。2011 年 1 月 11 日，我开始静心写这本书。虽然有已经写好的一些文章做积累，也就是书中拓展阅读的文章，但其他部分要现写。而且这时，学校已经放假了。

　　为了写这本书，我每天早上 5 点多起床，写书至中午 12 点；吃过午饭，午休后，下午两点多我又开始写书；下午 5 点半在家跳绳等运动半小时后，做晚饭，吃过后，晚上 7 点又开始写书直到睡觉。每天就这样不停地写，家里有一些腊鱼、腊肉等，我就多买了一些黄牙白、包菜，每天几乎不出门。就这样，2011 年 1 月 27 日（农历 12 月 24 日小年）晚上 10 点半，我的初稿完成。我想第二天去网吧查找一些插图，因为我家没装网线，无法上网。

　　于是，我把放在 E 盘的书稿复制后，粘贴在 U 盘。当打开 U 盘时，电脑提示"是否扫描或直接打开"，我点击了直接打开，可后来，我觉得昨天在网吧发了两封邮件给广州，担心有病毒，于是又点击了扫描。可这时打开 U 盘上的文稿，发现好像中毒了，于是，我将 U 盘上《高考的心理调适》的文件夹删除。然后，我又回到 E 盘，准备重新复制《高考的心理调适》文件夹，却发现在 E 盘我找不到这个文件夹。

　　我一下子非常紧张，不知该怎么办。我想，可能是我点击"复制"时点击到"剪切"了。我对电脑知识懂得很少，于是我到回收站，发现里面有《高考的心理调适》文件夹，我立即点击了还原。我原以为这是我刚才从 U 盘中删除的文件夹（后来别人告诉我 U 盘的文件夹删除后不在回收站）。可等我打开后，发现还原的《高考的心理调适》文件夹是我最初的一些文章，也就是拓展阅读的文章，不是我写好的《高考的心理调适》书稿。我一下子蒙了，整个人都晕了。我没日没夜地写了这么多天，而且那时是 1 月底，最寒冷的日子，可我每晚都在写书。刚写好，我以为可以轻松一下，没想到整个书稿竟被我删除了。

我的心非常乱，头很晕，于是给一个懂电脑的同事打电话。那是晚上11点多，同事没听太明白，就对我说，可以找出来，叫我明天等他电话。

晚上，我躺在床上整晚睡不着。第二天早上9点先到我家附近的网吧，把这情况告诉了网管，问他是否可以帮忙找回我写好的书稿。他说帮我找找，但没找到。这时，已经10点半了，于是，我给同事打电话，说去他家。然后，我拿着我的手提电脑和U盘，去了他那里。他帮我看了一下，听说我又将回收站同样文件名的文件夹还原了，他说不可能找到原稿。

我很伤心地回家了。想想这么多天，从早到晚辛苦写书，没想到书稿完成后，竟然因为我错误的操作将书稿删除了，我难过得哭了起来。怎么办呢？只能重新写。可我心情不好。写第一遍时，我充满了激情。重新写，我想不起原来的写作顺序和思路。我在电脑上又写起来，可我没有激情。于是，我给在上海的女儿打电话，告诉她我的书稿被删除了。和女儿说时，我哭了。女儿安慰我说："妈妈，您今天先休息一下，明天再写吧。"可放下电话，我还是很伤心，于是，又给另一个懂电脑的同事打电话，把发生的事告诉了他。他听了也很替我难过，他很理解我的心情，又告诉了我几种查找书稿的方法。我按照他说的在电脑上查找，但没有找到。他又提出让我去电脑城，看看他们能否有办法。

于是，我带着电脑和U盘去了电脑城，他们很热情地接待了我，答应帮我找找，然后，叫我先回家等他们电话。

回家后，我想了很多，已做好了他们找不出来的准备。我首先想到的是著名的"发明大王"爱迪生。他年轻时由于在火车实验室工作不幸终身失聪，而到了晚年灾难的魔鬼仍没放过他。1914年7月9日晚上，爱迪生的实验室燃起了一场大火，烧毁了他半生积累的财富及研究资料，造成了200多万美元的损失，就在第二天早上，已经67岁高龄的爱迪生看着眼前的废墟说："灾难自有灾难的价值，我们以前所有的谬误和过失都给大火烧得一干二净了。我们应该感谢上帝，这下我们又可以从头再来了。"

火灾过后，朋友们都来安慰他，而他则平静地说："我虽然67岁了，但并没有老到不能重来的地步。我以前也曾有很多次的损失，不过我都很幸运，因为我没有时间为了无聊而痛苦。"火灾的第二天，他便带领员工，准备工厂的重建工作。在火灾过去三个星期之后，爱迪生便发明了世界上第一台留声机。

爱迪生在67岁高龄，能勇敢地面对实验室被烧的厄运，和他相比，我只是将书稿删除了，原稿中的一些文章我还保留着，我为何不能坦然面对呢？

我想到了刘岩。2008年7月27日晚上9点，当奥运会开幕式的彩排进行到唯一的独舞《丝路》时，正在跳舞的刘岩因为跳台比平时抬得快一些，也正因为这一秒之差使她一脚踩空，从两米八高的跳台一下摔到地上，此后她立即被送到医院抢救。因为脊髓损伤，刘岩成为坐在轮椅上的残疾人。而这一天，距离奥运会开幕式仅剩12天。2008年8月8日奥运会的开幕式上，另一个舞蹈者代替了刘岩。奥运会上这个仅仅1分50秒的独舞改变了刘岩的一生。刘岩坦言，在最初的日子，她无法接受现实。

和她有着同样遭遇，从鞍马上摔下来造成高位截瘫的体操运动员桑兰，将自己的主治医生瑞德森介绍给她。当瑞德森医生坦率地告诉她，假如她再向上摔10公分，她的手将不能动；如果再向上摔20公分，她的嘴将不能动，甚至失去语言功能。瑞德森对她说，人生当中，时时刻刻充满了意外，所以，她算是不幸中的万幸，因此希望她能尽早融入社会，而不是浪费时间进行康复训练，以期待奇迹出现。但这时的刘岩对此非常排斥，她不相信自己真的无法站起来。

但最终，刘岩知道自己必须面对事实。刘岩说她读了一本台湾作家郑石岩写的《生命转弯处》，深有感悟，也以此激励自己勇敢地面对生命的变化。

8月8日奥运会开幕那一天，她所住的病房离鸟巢那么近，近得能听见鸟巢放礼花和开幕式音乐的声音。当晚，家人和朋友陪伴着她，聊天、吃东西，他们都没有打开电视机，没有收看当晚的开幕式。但事后，她还是看了奥运会的开幕式，看了舞蹈《丝路》的表演。

半年后，刘岩开始思考，人生不能说完全是命运的安排，但世事难料。自己在轮椅上能做什么，她开始转变了一种方式，以积极的态度对待生活的改变。2009年11月，刘岩以舞蹈《最黑的夜，最亮的灯》重返舞台，继续从事舞蹈事业。再次投入舞蹈的怀抱，不仅帮助了刘岩走出了伤痛的阴霾，也帮助刘岩重新找到了生活的目标。她开始参加各种聚会，见朋友。刘岩说，正是因为与人交流和沟通，才给了自己梳理心理困惑的过程，从而帮助自己走出困境，积极面对生活！同时，通过学习，刘岩考上了中国艺术研究院的博士，也开始了她人生新的征程。

刘岩说，受伤很不幸，但很多生命中的意义，也只有在受伤后才能体会。受伤后，她学会了正确看待不幸，懂得了任何事都要自己担当；学会了从逆境中换一个角度思考，明白了不一样的生命会给自己不一样的启迪！

我还想起了我的咨询案例。有两个女的骑着摩托车，被两个骑着摩托车的男的抢包。其中一个女的当场死亡，另一个女的两条腿都断了，成了残疾人，她的丈夫也因此和她离婚了。我想，和她们相比，我只不过是将写好的书稿删除了，我还可以重新写，可她们的生活却再也无法恢复到以前。

我又想到最近我看的中央 12 台的打拐活动。很多的孩子被拐卖后，父母为了找他们，十几年，二十几年，还是没有消息。茫茫人海，要找一个孩子多困难呀？他们有些人终生都无法找回他们的孩子。和他们相比，我只是书稿被删除了，但他们却是孩子被拐卖了。和他们相比，我已经很幸运了。

这时，电脑公司打来电话，告诉我说，我的书稿可能找到了，让我去确认一下。我不敢相信这是真的，但我还是满怀希望地赶到电脑公司。工作人员很快接待了我。打开电脑，他们把找到的文件给我看，结果不是我写的书稿。虽然有些失望，但这是意料之中的事。

经过两天的折腾和调整，我的心安静下来了。除了重新写稿，我别无选择。吃过晚饭后，我在家唱卡拉 OK。我很喜欢一个人在家唱歌，自娱自乐。唱到 8 点，我便开始重新写稿，这时我的心已经完全静下来了。

下午看中央电视台第十二频道"心理访谈"——迷失的青春，讲到重庆某重点中学 4 个高考刚刚结束的学生，竟然在 7 月 20 日绑架一个 35 岁的娱乐场所的女性，向她勒索 8 万元。该女子惊慌之中从一个开着的窗户跳下，医治无效最终死亡。其中一个叫鲁宽的学生经常是年级的第一名。他们绑架的原因就是因为家里太穷。我看到这个故事正好可以写进我书中。我想，也许老天就是为了让我把书写得更好一些，所以要我重写。

有了这些想法，我的心完全平静下来。人生总充满意外，如果我们不善于调整自己，而是沉浸在后悔和痛苦之中，那么只是浪费时间和精力。当经历痛苦时，我常常问自己，这件事 10 年之后还会对我有什么影响？20 年后还对我有什么影响？我想 10 年、20 年后，这件事对我没有影响；然后，与那些比我更不幸的人比，我感到自己很幸运，于是我重新开始自己的生活。

我想，初稿的删除，就如人生的挫折，首先我们要想办法补救；如果所有的补救办法都尝试了，那么就接受现实，重新开始！没什么大不了的。如果我们去品读任何一个名人，我相信他们都有过挫折。就如我唱歌时，有邓丽君、梅艳芳、张国荣的歌。看着光碟中风采依旧的他们，可现实中他们却早已离开了我们，而我们依然活着。为什么不能克服生活给我们的磨难，学会享受我们的快乐，也享受我们的磨难和挫折？挫折是我们人生的一笔财富。挫折能带给我们新的启示和感悟，我们会因此更加热爱生命，也更加热爱生活！享受生活给予我们的一切，这一切不仅仅是满足和成功，也包括失望和失败！

从事心理咨询后，很多人问我，每天接触那么多的人向我倒垃圾，我就像一个垃圾桶，装满了别人的痛苦和伤心，我是否会受其影响？我说，确实会受到影响，也常常会因此痛苦伤心甚至卧床不起。我很清楚地记得就在去年，2010 年的一个星期，我接待了 3 个被强奸的孩子。那个星期，我真的倒下了，躺在床上两天。我经常会感同身受，投入很多。但这样的故事听得越来越多后，我虽然还是伤心和痛苦，但我也变得能坦然面对生活中的一切不幸，因为这让我明白了一个道理。痛苦和不幸就是人生的一部分。没有人可以说自己没有经历不幸。采访名人时，很多名人都说："我经历的痛苦太多了，所以，现在无论经历什么，我都能承受。"所以，当你把痛苦和不幸当成你生命中的一部分而坦然接受时，你就能快乐地生活！

遭遇挫折后的心理调适

没有谁的人生总是一帆风顺的，遇到挫折是难免的。当我们面对挫折时，如果不善于调整自己，而是一味地沉浸在挫折中无法自拔，那么，挫折就会将我们打倒，因此，我们要学会调整自己，积极地面对挫折。

1. 正确看待挫折，改变不合理的认知观念

挫折感作为一种心理感受，与人对挫折的认知尤其是一些不合理的观念密切相关。"塞翁失马焉知非福"，因此，正确看待挫折，改变不合理的认知观念是有效提高挫折承受力的重要一环。

人生总是有起有落，有顺境和逆境，我们不能自我夸大、也不要认为自己是最不幸的。命运对每个人都很公平，相信逆境一定会出现转机。"人有悲欢离合，月有阴晴圆缺"，挫折只是我们生命中的一部分。就如黎明前的黑暗一样，挫折一定会过去的。只要我们能积极面对，战胜挫折后，我们就会迎来光明！

2. 对挫折进行正确归因

归因是指个体根据自己的感受和经验对事情的结果发生的原因进行解释的过程。造成挫折的原因可以分为客观原因和主观原因，也可以分为两种类型，即外归因类型和内归因类型。倾向于外归因的人，习惯于认为自己行为的结果是受外部力量控制的，如运气、机会、他人的权利、自然界的力量；倾向于内归因的人，习惯于认为自己行为的结果是内部力量控制的，认为自己是造成行为结果的原因。

不同的归因，会给人们的心理和行为带来积极或消极的作用。因此，我们要学会对自己的失败或挫折进行正确的归因，这将有利于自己积极面对挫折。如果归因不正确，就会打击自己，不利于自己的学习和生活。我们既不能将一切过错都进行内归因，也不能将一切成功都进行外归因，而要合理归因。如失恋后，我们可以从自身寻找原因，进而提高自己，但也要进行合理的外归因，认为对方没有眼光，错失了自己，这样就不会一味地责备自己。

3. 运用积极的心理防御机制

上课时，我发现一个男生字写得非常漂亮，但他的学习不好。他告诉我，父亲对他说，"你学习不好，但字是一个人的门面，你把它练好，也可以改变别人对你的认识"。这就是一种"补偿"。

通过倾听老师、朋友、同学的劝导，改变自己对挫折的看法，采取的是"转移"自己的心理环境，从而积极面对挫折。

一些技校学生个子矮小、长相不佳，在最初的人际交往时容易受挫，但他们通过努力学习，提高成绩，以优异的学习成绩、良好的人际关系赢得同学的欣赏和喜欢。他们采取的是"升华。"

4. 提高自己的耐挫能力

耐挫能力是心理素质的重要组成部分，而意志和信心是耐挫能力高低的决定性因素。一个人耐挫能力不是恒定不变的，除了受自身生理素质、认知因素、个性因素、挫折频率和社会支持等影响外，还与挫折经历有直接的关系。挫折经历丰富的人，能够获得较多面对生活和挫折的经验，得到更多的锻炼，他们耐挫能力就高。

耐挫能力是后天学习得来的，因此，我们要培养自己的耐挫能力。通过积极参加社会实践，增加自己的生活阅历，培养自己乐观开朗的性格，建立积极的认知方式，调整自己合理的人生目标，发展良好的人际关系，培养广泛的兴趣爱好，学习多方面的知识等方式，提高自己的耐挫能力。

5. 确定或调整奋斗目标

我国著名作家丁玲说："人，只要有一种信念，有所追求，什么艰苦都能忍受，什么环境也都能适应。"因此，当我们有自己追求的理想和目标时，就不会被眼前的挫折所击败和吓倒。如果经过分析，认为自己的目标是正确的，就要努力朝着自己认定的目标前进，实现自己的理想；如果发现目标不符合实际，超过了自己的能力，可以调整目标；如果发现目标是错误的，也可以重新确立正确的目标。因此，要正视挫折、克服挫折。如果无法克服挫折，那我们也要学会改变目标，避开挫折，以达到新的目标。

很多技校学生之所以有很强的挫折感，是因为总和大学生比，尤其高中毕业后读技校的学生。每年9月开学，10月国庆节回家返校后，不少技校学生告诉我，他们回去后，看到自己的高中同学读大学，听他们谈起在大学的生活，就非常美慕他们，也因此很受打击。

目前，我国很多学生的人生目标就是上大学。可如果我们学习能力有限，或因为家境贫困而选择了读技校，我们就应该调整自己的人生目标。就如我的一个朋友说的，读什么学校并不是最重要的，重要的是你进了这所学校后能否学到有用的知识，能否在里面获取知识后再走出来。

技校培养的是技能型人才，虽然我们学习的理论知识不能和大学生比，但我们的动手能力较强，所以，我们不要把上大学当做成功的唯一目标，我们要争取在技能方面发挥自己的优势。从现在"用工荒"的现象可以看出，真正有技术的人才也是社会紧缺的人才。所以，我们要相信，只要我们拥有了真正的技术，我们就和大学生一样是社会需要的人才！我们也有实现自身价值的地方！只是我们要学会调整自己的奋斗目标！

6. 设想最坏的结果

面对挫折，我们可以用假设最坏可能性的办法改变对不能把握的状态的恐惧。如果最坏的结果我们都能接受，那么我们就能坦然面对挫折。要知道困惑不是由于外在的环境，苦恼的根源是源于自己的内心。

7. 从挫折中学习知识

不能从失败中学到知识的人是没有什么希望的，人不应当两次在同一个地方跌倒。对于生活中遇到的挫折，我们要善于总结，以便从中学到一些经验，从而内化为我们的知识，为我们以后使用，帮助我们不要在同一个地方再跌倒，这才是挫折带给我们的礼物。只有这样，我们才可以说我们掌握了对待挫折的正确方法，才能够对我们的人生有一定的帮助。

8. 适时释放挫折情绪

即采取情绪宣泄法，宣泄受到挫折后的压抑、焦虑、不安等情绪。通常是向自己的亲人、朋友、老师和同学等宣泄自己的不良情绪，也可以从他们那里得到劝说和安慰。因此，技校学生应结交一些知心朋友，养成经常和亲人、朋友谈心的好习惯，这也是心理学上常讲的社会支持系统。

9. 进行心理咨询

心理咨询帮助人们从不同的角度认识自己和社会，改变不适应社会的思维和行为方式，从而产生新的思维，实现心理放松。如果自己长时间无法摆脱挫折造成的痛苦，应主动求助于心理咨询机构。我国从 2003 年开始，心理咨询已经被越来越多的人接受。尤其是在汶川地震后，更多的人知道了心理咨询的重要性。就如一般人会发生感冒发烧一样，我们心理上的感冒、生病也需要及时治疗，而治疗心理疾病，可以进行心理咨询，也可以在医院精神科治疗。

作为年轻人，我们要与时俱进。我们要认识到：心理咨询是现代人们必不可少的最美妙的一种精神按摩方式。主动咨询说明自己有心理困扰而且自我调节无效，承认自己有心理困扰需要勇气，承认自己需要别人帮助也同样需要勇气。接受心理咨询表明你在勇敢地面对自己，主动解决问题，有效地利用社会资源促进个人的健康发展，是一种明智之举；接受心理咨询是重视精神生活质量的表现，是现代人应具备的素质。

第三章

失恋是成长
的一门功课

"老师，我很痛苦。我的女朋友要和我分手，她真的不理我了。我对她那么好，那么爱她，可这次她却很绝情，我该怎么办？"一个男学生在电话里和我谈起他和女友的恋情。他们通过上网认识，没想到非常巧，他们竟然是同一所中学毕业，而且家竟然也在同一栋楼。见面后，彼此有好感，就这样相恋了一年。每个周末的相聚总是最快乐的时光，可女友一直说他不是她想要找的人，经常提出分手，但这次是真的。男孩非常痛苦，他说自己即将技校毕业，原本以为毕业后他们能结婚生活在一起，可没想到女友坚决提出分手。后来，他当晚赶到我家，一定要和我面谈。通过我们面谈，他冷静了很多。

第二天，他还是非常痛苦，继续打电话给我，但我告诉他，失恋是他成长的一门功课，他必须学会自己去面对，然后，我叫他不要再待在家中，希望他走出去和其他人交往。冷静下来的他说尽量做到，晚上，他给我发短信说女友和他的一个好友好上了，这反而让他放下了。他说伤心已经没用了，女友和他的男朋友都给他上了一堂课，他除了勇敢去面对没有别的办法。

另一个女生给我打电话说："老师，我的男友要和我分手。他说受不了我的脾气，说我太不独立，太依赖他了。可我怎么独立？为了他，我技校毕业后留在他的身边，在外面租了房子我们住在一起了。我们从技校就开始恋爱。我现在满脑子都是他，班都不想上了。我们两家都同意我们交往，就差没领结婚证了。可他现在说受不了我，要和我分手，说我让他太累了，会影响他的前途。我不能接受分手的事实。我们恋爱4年了，我怎么能忘记他呢？老师，你和他谈谈好吗？你一定要帮帮我。"这是一个已经从技校毕业的女生打给我的求助电话。她说从进技校就和男友在一起，直到毕业，他们认定了要过一辈子的，但没想到，刚毕业男友竟然提出分手。她实在不能接受这样的决定，希望我劝说男友回心转意。

面对失恋怎么办？

心结三

技校学生随着年龄的增长，他们渴望爱情，但却因为年龄较小，不善于处理恋爱中的矛盾，经常要面对失恋的挫折。在我做咨询工作的 10 年里，接触最多的就是技校学生恋爱的问题，尤其是失恋后的心理调适。虽然很多技校生谈恋爱的年龄较小，也许其他方面他们通过努力可以得到他们想要的，但爱情却不一样，并不是努力了就可以收获爱情。有恋爱就必然有失恋，绝大多数学生都有过失恋的体验，因此，如何正确和理智地对待失恋，就成为很多技校学生必须要面对和学习的一门功课了。

技校学生往往只知道享受恋爱的幸福和快乐，但并没有做好失恋的准备。当相恋的一方提出分手时，被分手的一方常常很痛苦。因为人一旦形成某种习惯时，改变一种习惯常常会伴随着痛苦的产生。当恋爱在一起成为一种习惯甚至是一种生活方式时，一旦一方提出分手，那么这种改变就会给被分手的一方带来巨大的不适应甚至是痛苦。

但这种痛苦没有别人可以替代，因为这是我们恋爱成长过程中的一种代价。没有人能够强求别人一定要爱你至死不渝。虽然影视剧中浪漫的爱情让人如痴如醉，但现实生活中的爱情尤其技校学生的爱情发生变化太正常了，所以，当你还想死死守住存在的爱情，对方却已经发生变化不再爱你时，我们要懂得友好地说一句："我爱你，但我尊重你的选择和决定。我能做到放手给你自由。"这就是我们从恋爱一开始就要学习的功课。

心灵成长故事与分析七

失恋的男生

咨询室外面站着一个男生，因为是考试期间，我没想到有人找我，于是问他："你找谁？""我找您。"

"找我有什么事吗？"刚问过这话，我发现不对，这个男生好像有心事，于是，我请他到咨询室，问他怎么了。

他告诉我，他失恋了。女友是他的同学，从初三恋爱一直到高中毕业，四年了。由于两人在一起经常吵架，所以，他们读技校时决定不在一个学校，但在同一个城市，一星期见一次面。可现在，女友提出分手。过去也无数次提出分手，但这次女友是真的，电话不接，信息也不回。男生告诉我，

分手

他叫小峰，他已经5天5夜没吃没喝，觉也睡不好。

小峰告诉我，虽然和父母生活在一起，但他们之间很少交流。父亲很严厉，母亲经常上晚班，父母之间很少说话。他感到在家没有温暖，很孤独，所以，4年里，他将全部的感情都寄托在女友的身上。高考时他们都没考好，所以，最终他们决定读技校。可没想到开学才两个月，女友就提出分手，而且这次，女友是下了决心，这让他非常不适应。他这几天想来想去怎么也想不通，只想报复女生。他担心自己糊涂时会将女友杀死；他还想将他们之间发生的一切公布在网上，报复女生，因为女生和他恋爱，女孩的父母和同学都不知道他们之间发生了什么。

我看到他5天没有进食，又一直无法正常入睡，担心他是否患有轻度抑郁，所以，首先陪他去医院，并答应下午带他去女友的学校，问女友是否真的要离开他。

听说下午能见到女友，小峰兴奋起来，很高兴和我去了医院，见了心理医生他也很开心，回答心理医生的各种问话，也很坦然。医生见他很高兴，就和他谈了失恋后不要太消沉，鼓励他只要好好学习，以后也能找到好的女友。他也一直很开心地点头称是。

心理医生说，小峰没有问题，只是睡眠有些困难，就开了几粒安定。我带他吃过午饭后，和他一起去他女友的学校。一路上，他非常兴奋，很高兴地和我谈起他和女友的往事。到了女友的学校，我给他女友打电话，约了一个地点单独见他的女友。

女友并不是十分美丽，但明显比他成熟。我看女友是一个很稳重也很有思想的人，就和她谈了男生的情况。女友说男友从小缺乏家庭的温暖，所以特别依赖她，可她感到男友不成熟，多次提出分手，可男友总以死威胁，她只好放弃了。这次她是下决心要分手，并将男友的名字拉入黑名单，不再和他联系。

我告诉女孩，男孩就在学校外面，她是否愿意见他一面，当面向他说分手。女孩说不用了，她知道男孩又会怎样求她，她怕见了他心又软了。

我看女孩态度坚决，也同意了她的做法。当男孩看到我一个人出来，他非常失望。我告诉他，女孩不想见他，坚决要分手。这次是认真的，不是闹着玩的。男孩听了心情立即起了变化，原本充满了希望，现在又满是失望。

男孩和我乘车回去时，又不再说话。

直到我们回到学校，男孩依然很伤心。我看他实在很伤心，就告诉他从失恋中解脱的方法，如不去曾经和女友走过的路，不看一起看过的电影，不听一起听过的歌等等。男孩说，那他就没有地方可以去了，因为所有的地方他和女孩都去过。

为了帮助他，我和他的班主任去了他家。我告诉他父亲，男孩现在失恋了，希望父亲多关心他，不能总让他一个人待在房间等。男孩父亲听了，对男孩说："女孩多的是，还怕以后找不到对象？"我说，对于大人来说，失恋没什么，可对十多岁的孩子，失恋就是他们人生最大的事，所以，我们不要认为失恋没什么。

我单独和男孩的父亲交谈。我告诉他，男孩因为平时和他们沟通少，在这个年龄容易做出极端的事，无论是自杀或是报复女孩而杀了女孩，都是家庭的损失。他父亲听了以后，也开始尊重我的意见。我说，这段时间，孩子心情不好，你们要多关心他，不要责备他，尽量尊重他的意见，让他感受到家庭的温暖，这样才能使他逐渐从失恋中走出来。

小峰的父亲听了我的意见，同意按照我说的去做。然后，我把小峰叫过来，我说快过年了，高中的同学都要回来了，过去没和同学来往，现在可以主动和高中同学联系，和其他同学多交谈，你可以从中有新的体会。最后，我希望父亲如果有可能，陪男孩多出去走走。

春节期间，小峰给我发过几个短信，说他很好。我也打过电话，问他怎样，他告诉我说很好，不要担心他。春节过后，我问小峰的班主任，小峰是否来学校了。班主任说，小峰打电话说他下星期过来。

第二个星期，小峰来到学校，第一件事就是到咨询室找我。见了我小峰高兴地对我说："老师，你看我现在多精神。"小峰穿得非常整洁，人看起来确实很精神。我说："现在不会伤心了吧？""是的。过年，我第一次和高中同学一起玩。我们一起去唱歌、吃饭。男女同学都有，我们很开心。我以前不和别人交往，以为其他同学都不喜欢我，结果和他们在一起，他们对我的印象很好。很多女同学认为我不错，他们很奇怪我以前不喜欢讲话，现在怎么变了。我发现是我自己不和他们交往，但他们对我很好。我们一起谈理想，谈未来，觉得现在谈恋爱很幼稚，什么都没有谈什么恋爱呀。等将来工作后，努力赚钱为自己创造一个好的生活，所以，现在不谈恋爱。"

小峰告诉我，过年期间，父亲对他很好，不像过去那样严厉，总是骂他。父亲现在和他什么都谈，他也明白了很多道理，对父亲也多了一份理解。过去他总认为父亲说的都是错的，现在才知道父亲的很多话很有道理。

最后，小峰对我说："老师，我以前没有和其他女生交往过，很自卑。现在，和别的女生一起聊天，我发现她们还是很欣赏我的，我也有不少优点。不过，我现在不想谈恋爱了。我只想工作后努力提升自己的各种能力，增加自己的实力，这样才有恋爱的资本。"一个假期，小峰成熟不少，我从心里为小峰感到高兴。

开学后，小峰的班主任告诉我小峰变化很大，学习比以前用功多了，因此，小峰被学校选到了竞赛班，作为参加省里和全国技能竞赛的选手。

小峰告诉我，他高中时本来成绩很好，后来因为谈恋爱浪费了很多时间和精力。他和女友经常发生冲突和矛盾，因为太爱女友，恋爱让他分心了，学习成绩也下降了，所以，他没有考上大学，只好选择读技校。

小峰说，和女友分手后，开始他很痛苦，但通过心理咨询及寒假和高中同学沟通后，他产生了很多新的想法。小峰说他现在还不具备谈恋爱的条件，所以，他要用功学习，通过学习技能改变自己的命运。

小峰的基础很好，现在他把全部心思都用在学习上了。他经常到图书馆、阅览室借阅各种书籍，下课虚心向老师请教，考试成绩排在年级第一名。后来小峰代表学校参加了广东省数控技能大赛，获得了二等奖的好成绩，他也彻底从失恋的痛苦中走了出来。

获奖后的小峰告诉我，通过技能竞赛增加了他的自信。小峰说失恋后让他变得成熟了，也让他懂得现在恋爱太早了。他决定把过去耽误在恋爱上的时间都补回来，现在一心一意把心思全都用在技能学习上，通过努力证明自己还是有能力的人，以后会生活得很好，也会有自己幸福的生活。

【分析】

如果失恋后像小峰一样，将失恋变为学习的动力，那么，失恋的挫折就会促进我们成长！小峰让我感动的原因是，失恋后，一方面，他能主动进行心理咨询，通过心理咨询师的帮助，较快地从失恋的痛苦中解脱出来；另一方面，他通过用功学习参加技能竞赛，转移自己的痛苦，同时通过提升自己的专业能力来升华自己，最终获得了广东省数控技能竞赛二等奖的好成绩。

过去我们一直以为女生失恋后会比较痛苦，可实际上，男生失恋后比女生更加痛苦。因为一般较早谈恋爱的男生，往往和父母沟通不好，而且多数男生把全部的情感都投入在女生身上，不和别人交往。这样男生就没有自己的社交圈，一旦失恋，就不知道向谁倾诉，感觉非常孤独。因为不善于表达自己的痛苦，不善于倾诉，而且很多男生认为被女生甩了特没面子，不愿和其他人诉说自己的痛苦，因此，男生失恋后往往比女生更痛苦，也更不容易从失恋中解脱出来。而女生，即使恋爱，很多人都能和其他人分享自己的爱情，一旦失恋，也会得到女性朋友的安慰和关心。有些女生即使恋爱，也还有其他男性朋友，他们也会安慰自己。所以，女生失恋后，常常会向自己的女友或其他男性朋友倾诉，能在他们的支持和帮助下，很快走出困境。

我在技校做心理咨询接触最多的是女生失恋的案例，通过咨询她们能较快地从失恋的痛苦中走出来。但男生失恋后，会更加痛苦。如果他们无法及时进行心理咨询，往往最后会酿成悲剧，如自杀或伤害女友等。在这里，我特别希望男生也要主动寻求帮助，尤其是寻找心理老师的帮助，不要让失恋的痛苦酿成悲剧。每个认真对待爱情的男女，在青春期会把爱情看成是自己的全部，因此，失恋后他们往往痛不欲生，依靠他们自身的力量往往难以走出悲痛之中，那么要学会借助心理老师的力量和帮助，走出迷惘和困惑中。

小峰失恋后，能主动向心理老师寻求帮助，倾诉心中的烦恼。在心理老师的帮助下，按照心理老师的要求改变自己，如过年主动和高中同学联系、一起去拜年、与同学聚会等。他和同学在一起，尤其是和其他女生接触后，他对女性多了一份了解，自己的恋爱观也有所改变，所以，他改变了自己孤僻的个性，也就能及时从失恋的困境中走出来。

另外，小峰还能通过转移和升华等心理调节的方式改变自己，他除了必要的休息外，绝大部分时间都用在提升自己的专业技能上。小峰说，与其因为自己没有能力而拼命追求女孩，不如提升自己的能力后让女孩围着自己转。只要自己有技术、有能力，不愁找不到合适的女朋友，所以，他一门心思放在学习上，很快从痛苦中解脱出来。

之所以写小峰的故事，其实很简单，就是因为很多男生不善于表达自己的感情，失恋后，也不善于调整自己，往往会做出极端的事，给我们留下遗憾。而小峰失恋后，能主动寻找心理老师的帮助，将自己内心的痛苦说出来，也能积极配合心理老师的治疗，主动和外界接触，同时忙于学习，提高自己的专业技能，通过技能竞赛获奖获得成功的感觉，也增加了自信，从而能尽快从失恋的痛苦中走出来。

技校学生经历失恋的学生很多，所以，我希望通过小峰的故事，让我们能正确对待失恋。因为爱情不是我们人生的全部，不要只见树木不见森林。虽然十八九岁，正是情窦初开的年龄，但我们要知道除了爱情，还有亲情和友情，还有学业和事业。

我和做心理咨询的同行经常一起交流说，现在的年轻人，恋爱容易分手难。一些学生只懂得恋爱，却不懂得友好分手。很多人有恋爱的愿望，但缺乏分手的智慧；只享受恋爱的快乐，而没有接受分手的勇气。他们死缠烂打，纠缠不清，对主动提出分手的人造成很多痛苦。既然恋爱了，就可能有一天不再相爱，那么，友好地分手也是一种智慧和修养。

分手后，我们要反省一下，过去在恋爱方面浪费了很多时间和精力，甚至因为恋爱而忽视了身边的朋友和亲人，更忽视了自己的学习。因此分手后，一方面，可以联系过去遗忘的亲人和朋友；另一方面，可以重拾课本，把学习放在最重要的位置。

我经常讲适当的年龄做适当的事，该学习时以学习为主，该恋爱时以恋爱为主，不要本末倒置。学生主要的任务是学习，所以，应将主要精力和时间都用在学习上。等工作后，再考虑恋爱的问题，那时的恋爱会比较成熟。

所以，希望情窦初开的学生一方面能做到，在开始恋爱时就要做好可能分手的准备，要有分手的能力；要学会放手给对方自由，尊重对方的选择和决定，这才说明我们懂得真爱的意义。不要认为爱就是独占对方，不允许对方离开你。其实，有能力分手的人才有资格恋爱，否则，你没有恋爱的资格。因为，学会分手，善待分手，是我们恋爱成长必须学习的功课！虽然失恋让我们很痛苦，就如有些学生形容失恋就如挖自己的心一样痛，但这种痛是我们必须经历的，也是促进我们成长和成熟的一种方式！

另外，技校学生不要忘记我们最重要的任务是学习一种技能，获得一门谋生的技术，尤其失恋后，可以通过用功学习转移自己的痛苦，提升自己的能力。就如小峰说的，当你有了足够的实力后，你才有了恋爱的资本，否则，一无所有的你怎能吸引女朋友呢？

阅读链接

有一种爱叫做放手

心理咨询室走进一个学生啸天，伤心和痛苦都写在他的脸上。他告诉

我们分手吧

我，他的女朋友要和他分手。女朋友喜欢另一个高级工班的男生，刚才那男生还找到他。那男生说他也喜欢啸天的女朋友，希望啸天能给他一个机会。

啸天说他很爱女朋友，从进学校他就开始追求她，现在已经恋爱10个月了，放弃她，自己很舍不得。圣诞节那天，他们吵架了，女友不喜欢他送的礼物，甚至连一句祝福的话都不愿意送给他。他说女友从来都不在乎自己的感受。虽然他知道女友不喜欢自己，而且他们的性格也合不来，可因为爱她，为她付出太多也很投入，分手会觉得很难过，也很不愿意放弃，而且，同学都知道自己和她恋爱。现在如果她和别人恋爱，怕同学笑话自己，面子上也过不去。

啸天告诉我，交往没多久，他就感到他们不合适，因为女友从来都是指责自己。无论送什么给女友，女友总不喜欢他送的东西。他很难做到让女友满意。他后来提出分手，可女友又哭着说离不开他，所以就一直交往着。虽然知道不会有未来，也没想过结婚，只是想等毕业后，彼此拉开了距离，分手也就自然了。可他没想到女友现在要分手，而且还喜欢上了学校的另一个男生。如果其他同学知道了，他觉得太没面子了。虽然也有其他女生喜欢自己，想和自己交往，可自己对感情很专一，一心一意和女友交往，没想到女友还要分手。虽然明知女友不适合自己，可因为还爱着她，觉得她很优秀，很有气质也很漂亮，实在放不下。

另一个女生告诉我，她和一个男同学关系不错。那男同学追求她。他们交往了一段时间后，她感到彼此不合适，于是提出分手。可男同学不肯，天天打她的手机，知道她的QQ号密码，就以她的名义给那些网友回话，到处散布他们之间的流言。其实，他们之间是很正常的朋友关系。但那男同学说，他得不到她，也不让别人得到她；无论她将来和谁恋爱，他就打断那男的腿。他还经常主动为她的手机充值，说他为她付出太多。如果分手，要她还一笔钱，但不是为了钱，而是不希望她离开他。她不知该如何摆脱他，心里很烦恼。

《卡耐基写给女人一生幸福的忠告》（［美］戴尔·卡耐基著，翟文明、宋小威译，北京：中国书店，2007.1）中，说他有一个朋友喜欢捕捉动物，但他不喜欢用猎枪打动物，而是愿意设计陷阱活捉动物。一天，他发现陷阱里有一只狐狸被夹住了一只腿。那狐狸拼命挣脱。当他走近时，狐狸竟咬断了自己的那只腿逃脱了。连狐狸都知道，为了求生，只能放弃自己的一只腿。这是多么明智的举动呀！可为什么面对爱情，我们却不懂得适时放弃呢？为什么不给别人一条生路，也给自己一个机会呢？

执著是优点，但对于不可能得到或拥有的东西，还一味地执著和强求，那就是偏执了。偏执的人不会讨人喜欢，还让人讨厌，甚至是可怕。面对感情，你越是纠缠，别人就越想离开你。就如握在手中的沙子，你握得越紧失去的沙子也越多。感情是两个人的事，你只能掌握50%，另外的50%是由

对方把握的。如果对方不爱你，不愿意付出，你就永远不可能有收获。

技校学生处于青春期，恋爱的年龄比较小，不太成熟，感情极易发生变化。这个年龄段，如果有勇气恋爱，就一定要做好面对失恋的准备。因为爱情发生改变是正常的，你要有勇气承受失恋的痛苦。

《有一种爱叫做放手》的歌中唱道："如果两个人的天堂，像是温馨的墙，囚禁你的梦想，幸福是否像是一扇铁窗，候鸟失去了南方。如果你对天空向往，渴望一双翅膀，放手让你飞翔，你的羽翼不该伴随玫瑰，听从凋谢的时光。浪漫如果变成了牵绊，我愿为你选择回到孤单；缠绵如果变成了锁链，抛开诺言……有一种爱叫做放手，为爱放弃天长地久。我的离去若让你拥有所有，让真爱带我走。有一种爱叫做放手，为爱结束天长地久，我们相守若让你付出所有，让真爱带我走，说分手……"

明明爱了一个不该爱的人，明知自己的付出不会有任何结果，那又何苦浪费时间和精力，何必强求自己，为难别人？还不如勇敢地放弃。爱要学会顺其自然，学会放手。换一个角度看问题，你失去了一个不爱你的人，而她失去的是爱她的人，伤心的应该是她而不是你。失去一个不爱你、不珍惜你的人，你将有机会重新恋爱，可能获得一个爱你、珍惜你的人，那将是你的幸运！

在没有学会放弃之前，你将很难懂得什么是争取。放弃是一种战略智慧。学会了放弃，你也就学会了争取。猎人捕捉猴子，是因为铁制的栅栏里放着香蕉，猴子将手伸进栅栏拿着香蕉，那只手却怎么也拿不出来，因为猴子不肯松开手中的香蕉。因为不肯放弃香蕉而逃，最终被猎人抓住，失去生命。如果懂得放弃香蕉，就能够争取到生命。所以，放弃不爱你的人，你就有机会得到真爱你的人。

明知再怎么坚持，如何执著都无法得到你想要的，为何不放弃呢？放弃也是一种美丽。舍得舍得，有"舍"才有"得"！选择放弃需要勇气和胆识，需要非凡的毅力和智慧。一个人只有懂得理性的放弃，才能最终获得自己想要的。有些人无法做到理性的放弃，甚至采取毁容、自杀等极端手段最终导致人生彻底的失败和毁灭。

如果你想成为一个歌星，但嗓子不好；如果你想成为一个演说家，却是哑巴；因此，追求事业成功，不是完全靠你的执著，还要看你自身是否具有相应的天赋。一个人首先要了解自己，不要一味追求自己根本不可能实现的目标。那不是因为你执著就可以实现的。执著未必是最好的，有时要懂得放弃。对事业如此，对爱情更要如此。懂得根据实际情况，调整自己，改变自己的目标，才是最佳选择。一味地强求一个不爱你的人，还不如重新寻找一个真爱你的人！

刀郎在《真爱的胸怀》中唱道"……我已准备，为你的爱举起祝福的酒杯，我希望你得到真的幸福，不愿意把你的真爱摧毁。我已准备，不会让你为爱留下一滴眼泪，因为你快乐所以我快乐，用我的一生去守候——你的美。离开，也会把心留下来，我在这城市的背后孤独地游走，默默地承受……"

聪明的人知道：对于爱情，什么时候该坚守，什么时候要放弃。有的人不值得你一直等待。因为不是所有的等待都有结果，所以放弃也是一门艺术！爱需要一颗宽大的心胸，祝福不爱自己的人去寻找属于她的爱情——那才是真爱！

失恋的十大好处

古人提出要安三失：失学、失业、失恋。其中，失恋是精神上最大的痛苦，因为，对于年轻人来说，如果处理不好失恋，将会影响自己的一生。

失恋者经常表现为逃避现实，缩小人际交往圈，精神生活既折磨自己又影响旁人，有人甚至向恋人进行报复或出现自杀、心理变态等，也有人因此引发精神分裂症。2009年5月24日，毕业于江苏南通职业大学的吴某找到仍就读于该校的前女友，看见前女友从学校宿舍下楼后，继续纠缠要求复合，被拒绝后，就将硫酸泼到她的脸上！造成这个被称为校花的前女友脸部严重烧伤。因此，失恋者要进行必要的心理调适，懂得及时放手。

中国台湾女作家吴淡如说失恋的最大好处是：你必须改变你的生活。她引用了 Marjorie Kinnan Rawings 说的："一个女人必须在她的一生中爱上坏男人一两次，她才能对好男人心存感激。"因此，失恋的好处一：我们必须要学会改变自己！

得不到的东西，我们会一直以为他是美好的，那是因为你对他了解太少。当有一天，你深入了解后，你会发现原不是你想象中的那么美好。因此，我们要知道失去的不一定是最好的。因此，失恋的好处二：最珍惜自己的恋人还需要我们等待！

人之所以痛苦，在于执著追求错误的东西。情执是苦恼的原因，放下情执，你才能得到自在。因此，失恋的好处三：学会了放弃情执！

与其你去排斥它已成的事实，你不如去接受它。对于不可改变的事实，你除了接受以外，没有更好的办法了。因此，失恋的好处四：懂得接受不能改变的事实，学会顺其自然地面对生活！

当你快乐时，你要想，这快乐不是永恒的；当你痛苦时，你要想这痛苦也不是永恒的。不要以为自己是最不幸的，世界上比我们痛苦的人还有很多。因此，失恋的好处五：失恋会增加你对人生的感悟，也许你因此成为哲学家或文学家！

你永远要宽恕众生，无论他有多坏，甚至他伤害过你，你都一定要放下。你什么时候放下，什么时候就没有烦恼。因此，失恋的好处六：学会了放下，懂得了宽恕！

每一种创伤，都是一种成熟。因此，你永远要感谢给你逆境的人。我们要感谢给我们失恋体会的人。因此，失恋的好处七：失恋给了我们创伤，也让我们走向成熟！

如果面对失恋，我们能从中站起来，那么今后遇到更大的困境，我们一样可以勇敢面对。因此，失恋的好处八：懂得依靠自己，在逆境中成长，让自己变得更有力量！

了解永恒真理的人，就不会为任何生离死别而哀伤悲痛，因为生死离别是必然的。因此，失恋的好处九：懂得面对现实，才能超越现实，做到一切随缘！

不懂得自爱的人，就没有能力爱别人。失恋让我们知道自己爱别人超过了爱自己。因此，失恋的好处十：懂得了最值得爱、最值得自己投入精力和付出时间善待的人就是自己！

心灵成长故事与分析八

💗 失恋的女生

白浪走进心理咨询室，她的脸上挂满了泪水，她流着泪讲自己的故事：

建峰是我高中的同学。在同学组织的一次游泳活动后，他开始追求我。因为他是那么优秀，当时有很多女生喜欢他，但他却对我情有独钟。能做他的女友，我很骄傲。当时高中生谈恋爱的很少，但我们之间的恋情同学们都知道。他们都祝福我们，认为我们是天生的一对。那时的爱情是甜蜜的，建峰每天都会陪伴我。他是学校的篮球明星，人长得高大英俊，学习成绩还很好，很多女生羡慕我。沉浸在爱情的甜蜜中，我每日都被建峰吸引，心思无法用在学习上，最终建峰如愿考上理想的大学，我却落榜了。无奈之际，我选择了读技校。尽管和建峰不在同一所城市，但爱情的力量无法抵挡我对他的思念，一有时间我就跑到建峰所在的大学和他团聚。可渐渐地我感到建峰对我的冷落。他总找理由说很忙没时间见我，我写信他也很少回。我感到建峰变心了，失魂落魄的我将这一切告诉了我的姐姐，她希望我和建峰好好谈谈。

怀着忐忑不安的心情我和建峰见面了。建峰告诉了我他的决定。建峰说他上大学，我读技校，我们之间不可能有未来。他希望我以后不要再去找他，我们之间结束了。那一天，天空下着大雨，但我的心更加寒冷。在雨中，泪水挂满我的脸，我几乎有生不如死的感觉。我发疯一样地哭着喊着，老天为什么要这样对我？我把一切都给了他，他为什么要抛弃我？为什么？

恍惚中，姐姐找到了我，她哭着骂我怎么了？难道家里的所有人都不如建峰重要吗？那一晚，我在姐姐的怀里哭着睡着了。醒来后，姐姐知道了建峰和我分手了，但她希望我能振作起来，不要为了一个不值得爱的男人毁了自己。

回到技校，我想不明白，建峰怎么变得这么快？就因为我读技校他上大学，我就配不上他吗？我曾经也那么优秀那么美丽，那么多男生追求我。一直无法从对建峰的思念中摆脱的我，最后得到一个消息：建峰和他所在大学的一个漂亮女生恋爱了。那一刻，我突然想明白了，我不能再这样伤心下去。我发誓要考上大学。于是，读了一年技校后，我从技校办了退学手续，然后开始了复读。一年后，我考上了大学。之后，我一直告诉自己：因为你不优秀，所以那个男人离开了你。然后，我发奋读书，以优异的成绩毕业后到一所重点中学任教。不甘平庸的我，虽然一再被评为优秀教师，但我依然不满足，于是，我成为学校第一批特级教师，之后，我又通过绿色通道到了深圳。如今，我在深圳有了自己的房子、车子，也认识了现在的老公。

见到高中的同学，他们有的还会告诉我建峰的消息，听说他和那个女生结婚了，但婚后的生活并不幸福。可这一切对我已经不重要了，重要的是如果没有建峰当初的抛弃，也不会有今天的我。我今天所有的一切成就都要归功于建峰的分手。如果当初不是因为他的分手，我不会那么努力证明自己，也就不会有今天的我。

白浪说，到我的咨询室，她不是为了咨询，而是为了向一个陌生人倾述，如果有可能希望我将她的故事写出来给和她有类似经历的技校女生看看，分享她从失恋中走出来的智慧。

白浪说，分手和失恋都不可怕，可怕的是女生没有了自我和自信。如果一个人能找回自我，那么就一定能拥有幸福。白浪说，现在的丈夫很爱自己，她也有了自己的女儿。女儿长大后，她会告诉女儿自己的爱情故事。

虽然我过去不认识白浪，但我知道她在深圳是一个小有名气的老师。我也知道，一个没有任何关系和背景的女人要想在深圳站稳脚跟是多么不容易。白浪之所以能通过绿色通道进入深圳，就是因为她是中学特级教师，而且在全国优秀教师课例比赛中获得第一名的好成绩。白浪说，那时候，她一边上班，一边准备比赛，付出的心血很多，但这一切，都是内心一直有一种力量在激励自己：不要成为一个没人看得起的女人。她说，现在回头想想，真的很感谢建峰。如果不是因为他，她不知道自己原来可以做的这么好、这么成功！

【分析】

白浪告诉我,刚和建峰分手的那段时间,她总是听着任贤齐唱的《心太软》:"你总是心太软,心太软,独自一个人流泪到天亮。……"她说,听着这首歌,她常常泪流满面。但最终,她告诉自己,不能一直这样下去,否则她的一生都要毁了。为了改变自己,白浪把全部的时间都用在读书上。每天她不断地提醒自己:"你读技校,我读大学,我们不在一条起跑线上,我们分手吧。"这句话最终成就了白浪,让她成为一名优秀的教师。

有一句话说每个男人都是女人成长的一个阶梯,这句话用在白浪的身上再合适不过了。建峰成为让白浪成长的一个阶梯。正如白浪所说的,希望她的故事能告诫那些失恋的技校女生:失恋并不可怕,可怕的是失恋后失去了自我和自尊!就如一句话说的,感谢给你挫折的人,因为他激励你,让你的潜能得到最好的发挥!如果每个失恋的女生都从失恋中觉醒振作起来,那么我们都可以成为最优秀的自己!

阅读链接

他不是最珍惜你的人

朋友给我讲了她的爱情故事。朋友对我说:"高中时,我曾经暗恋一个非常优秀的男同学,但那时所有的感情只能埋藏在心中。上了不同城市的大学后,我们一直通信,终于有一天我决定向他表白。那天去参加一个女同学的生日聚会,信装在我的书包里放在同学的房间。吃饭时我听这个女同学的母亲说话时，感觉她的母亲偷看了我的书信。之后，我回到房间，检查那书信，发现已不是我当初折叠的样子，明显被人拆开看过。这对于一个情窦初开的女生来说是多大的一个伤害。我当时的心情糟透了，也因此我把那封信撕了，然后伤心地回到大学。尽管当时离开学的日子还很长，但我觉得没脸在家待了。当时我很伤心也很愤怒，觉得这位母亲太不尊重我。我又不是她的女儿，凭什么偷看我的书信，也因此，我决定不向那个男生表达我的感情。之后，听说他恋爱了。我压抑着内心的情感，和他正常交往。直到我结婚生子，我们之间就如好朋友一样，却始终没有挑明曾经的暗恋。

26年后，我和这个男同学在同学会上再次相聚，他依然那么优秀和英俊，那么有吸引力。谈吐之间，我对他依然有着残存的爱慕和欣赏之心，可看到如今依然魅力无穷的他，我的心非常平静，也非常感谢同学的母亲偷看了我的情书。因为我知道这个魅力四射的成功男人注定不会珍惜我。在他面前，我太普通和平常了，我注定无法驾驭他。假如我和他结婚了，那么伤心一定会永远陪伴我。看着年过40的他，依然吸引着那么多的女人，我明白他注定不属于任何一个女人。任何人和他结婚都不会有安全感。那一刻，我突然发现人生的痛苦有时就是让你从中作出一个正确的决定。当初如果不是那女同学的母亲偷看我的书信，那么向他表白被拒绝后的我痛苦一定会更多更久。虽然当时对那位母亲的行为很气愤，但现在真要感谢她。幸亏她，我才没做出让我更加后悔的举动。现在即使我说出当初的暗恋也很坦然，但当初20多岁的我是多么单纯无知，那时如果被拒绝我一定承受不了，而且现在看来他和我真的不合适，因为他太优秀了，不可能珍惜我。"

有人认为从爱情走向婚姻是因为遇到了合适的人，如果分手或离婚那是因为这个人不适合你，但我不这么认为。一个人从恋爱到结婚，最终相扶到老过完一辈子，绝不是因为对方很适合你，而是你遇到了一个最珍惜你的人。如果分手或离婚，那么一定是因为他不珍惜你。因此，当你失恋时，你可以告诉自己：他不是最珍惜你的人，那个最珍惜你的人还没有出现。

就如苏芮唱的《牵手》一样："……没有风雨躲得过，没有坎坷不必走，所以安心地牵你的手，不去想该不该回头。也许牵了手的手，前生不一定好走；也许有了伴的路，今生还要更忙碌；所以牵了手的手，来生还要一起走；所以有了伴的路，没有岁月可回头……"一个在爱情的道路上坚持走下去不回头的人，一定是最愿意珍惜你的人。因此，当你失恋时，并不是因为你做得不够好，不够优秀，或做错了什么，千万不要因为失恋而过度自责、内疚和后悔，而是因为你还没有遇到愿意珍惜你的人，那么，失恋后请不要伤心，耐心等待吧，那个最珍惜你的人一定会出现！

失恋后的心理调适

人生不过是一个不断失掉我们心爱的人和事物的漫长过程。——雨果

当爱情之舟被推翻以后，我们应当友好地分手，说一声"再见!"——莎士比亚

失恋对被动终止恋爱者是一种痛苦的情绪体验，会带来不同程度的心理创伤，产生一定的心理问题，甚至做出傻事。有的失恋者因为失恋而残忍地报复对方，这是在行为上极端利己，道德及法律观念淡薄，感情上刻薄残忍，如自己得不到的别人也休想得到，或揭露对方的隐私，无端造谣中伤，甚至伤害对方的身体，有的因为失恋而自残、自杀等。这些人的人格和心理上是不成熟的，缺乏自我控制力，经不起挫折和打击。因此，面对失恋，我们要善于进行心理调适。

1. 绝不做伤害对方或自己的极端行为

多家电视媒体报道：安徽合肥市寿春中学未满 18 岁的陈如坤追求 17 岁的周岩，多次遭到拒绝。当 2011 年 9 月 17 日再次被拒绝后，陈如坤希望周岩 3 年后能与其恋爱，周岩回答了一句："凭什么 3 年后还要和你恋爱?"于是陈如坤用事先准备好的打火机油泼向周岩后并点燃，导致周岩被严重毁容，甚至烧掉了一只耳朵。一个可爱的花季少女瞬间被烧得面目全非、惨不忍睹。类似的惨案还有很多。如 29 岁的演员白静因为提出离婚被丈夫用刀刺死，此后丈夫也自杀身亡。虽然网上对此有各种议论，但没有人有资格剥夺他人的生命。

在咨询中，我遇到非常多的男生在失恋后，往往产生报复对方的念头；而女生往往会有自杀等极端行为。青春期的学生往往冲动，对爱情看得很重，尤其失恋后很难从中走出来，最终产生悲剧。

但无论如何，生命对任何人都是最重要的，所以，即使失恋，也绝不能做出伤害自己或对方的极端行为，尤其不能将彼此的生命毁于一旦。这是我们每个准备恋爱的人必须要做到的一个承诺：关爱自己和他人的生命，即使分手或失恋，也绝不伤害自己或他人的生命，因为人的生命只有一次。爱一个人不能强求对方也一定要爱你。爱对方就要尊重对方，理智对待失恋和分手。

一次失恋并不意味着永远失去爱情。尽管失去爱情，但我们不能失去理智，更不能失去自尊、自我和生命。要相信生命是最可贵的。只要生命存在，就一定能遇到更珍惜自己的人。

2. 合理认知，调整自我

失恋只是一种选择的结果，对方不选择自己，不等于自我没有价值，只是每个人对爱情的心理需求不一样，欣赏的内容不同而已。要知道上帝为你关上了一道门，必将为你打开另一扇窗。不要认为失恋就是人生的失败和自尊心的受损，任何事情都有两面。每个人都有爱的权利，也有拒绝爱的权利，因此要懂得尊重对方的决定，顺其自然。同时在开始恋爱时，就做好可能失恋的准备。因为恋爱的过程是双方不断考验和选择的过程，双方都可以重新选择新的恋爱对象。

3. 合理宣泄

消极的情绪要及时宣泄才有利于身心健康。因此，失恋后可找人倾述或写日记自我倾诉，把痛苦、烦恼告诉知心朋友，或大哭一场，或到野外扯着嗓子大喊几声，或到舞厅狂舞一番，也可把自己的情感通过投稿说出自己的心事，把积郁的苦闷发泄出来，从朋友和亲人那里得到支持和力量。否则过度压抑和埋藏失恋的痛苦，就可能积郁成疾，造成悲剧的发生。

4. 转移注意力

将感情、精力、心思投入其他的活动中去，及时适当地把情感转移到别的人、事和物上，让自己很忙碌、充实起来。如听听音乐、打打球、上上网、找好朋友聊聊天；也可以努力学习，用学习冲淡失恋的痛苦。在这个时候，要尘封以往的记忆，淡忘过去，不要再回忆过去，不要去以前恋爱时去过的地方；也不能整天待在家中不出门，一定要走出去，与人交谈，这样才不会一直处于痛苦之中。

5. 分析失恋的原因，提升自我

找出失恋的原因，总结经验教训，让自己成熟。失恋能给人提供再次恋爱的机会，失去的只是不珍惜自己的人。要确立"天涯何处无芳草"、"强扭的瓜不甜"、"不要在一棵树上吊死"等信念，没必要纠缠一个人不放。

真正的爱情是不过分痴情，彼此保持一定的个性独立，这样，失恋时，就不会过分痛苦。要感谢爱情给予自己人生的启发。为了尽快走出阴影，要多想对方的缺点和不足，以缓解失恋的痛苦和焦虑。不要整天想着对方的优点，即使他是最优秀的，但他已不属于你。要分析失恋的原因，反省自己，完善自己，增加自身的人格魅力，这样才有机会遇上珍惜自己的人。

6. 摆正爱情的位置，让爱情升华

爱情虽然很重要，但它不是人生的全部，因为我们还有理想、事业，亲情、友情等。所以，我们要摆正爱情的位置，反对"爱情至上"的观点。我

打开你的心结——技校学生心灵成长导航

们要在失恋中学习和锻炼，把失恋当成人生的财富；做到失恋不失志，将失恋化作前进和提高自我的动力，正所谓"祸兮福所倚"。

歌德23岁时在参加的一个舞会上认识了一个叫夏绿蒂的少女，一见钟情，大胆向她表白了爱情，但夏绿蒂却是歌德朋友的未婚妻。这让歌德无地自容，怀着失恋的痛苦离开了这座城市。最后，歌德将失恋的痛苦升华到创作之中，写了《少年维特之烦恼》，一举成名，成为伟大的作家。"乐圣"贝多芬在31岁时深深爱上了一位少女，不料这时他患了耳聋，他所深爱的姑娘离他而去。面对病痛和失恋的双重打击，贝多芬毅然坚持从事自己热爱的音乐事业，创作了举世闻名的《命运交响曲》。

7. 了解分手的真正原因

在我咨询的学生中，很多学生在分手后无法释怀的原因是认为自己在恋爱中做得不好，所以对方才提出分手，因此，他们很痛苦和后悔，认为如果自己做得更好一点，就不会失去对方。可事实上，绝大多数是对方已经移情别恋，却将分手的原因归结于被分手的一方。很多时候，当他们了解了事实真相是对方已有了新的恋人时，他们反而能放下了，不再痛苦和悲伤。所以，不妨冷静下来，通过同学或朋友了解对方提出分手的真实原因。我接触很多分手后痛苦万分的，当他们得知对方早已有了新的恋人时，他们却能平静下来，反而能较快地从失恋的痛苦中解脱出来。

在这里，我特别提醒主动提出分手的一方：如果你已经移情别恋了，或有了新的恋人了，就不要欺骗对方，将分手的原因归结于对方做得不够好。即使你没有勇气告诉对方真相，也应该告诉对方的好友，通过他们转告对方事情的真相，这样才能让对方及早放下，而不至于将对方逼上绝路或毁了自己。

8. 进行心理咨询

如果失恋严重影响了自己的生活和学习，自己又无法调节时，可寻求心理咨询机构的帮助。我在技校从事心理咨询工作，接触最多的就是学生失恋的问题。我发现比较极端的往往是：男生失恋后，容易将报复指向对方，可能杀了对方，或将他们的恋情甚至女友的隐私曝光；而女生失恋后，往往将报复指向自己，常常会自杀。这种极端的行为是我们不希望看到的。

多数女生在失恋后，会主动和自己的好友倾诉，女生也愿意寻找心理老师的帮助，但男生尤其是性格内向、不善表达的，由于平时没有朋友，又不知如何表达，常常因为非常压抑，会做出反常的举动，采取极端的手段报复对方。所以，我们希望男生在面临失恋的时候，能积极主动进行心理咨询。这不代表你软弱无能，而表示你能积极面对挫折，善于利用社会资源帮助自己解决问题。

在近几年的咨询中，已经有越来越多的男生面对失恋能主动进行心理咨询，这说明学生已经能利用社会资源来调整自己。每个人都会面临失恋的痛苦，但如何及时从失恋中走出来，需要借助他人的力量和帮助。

　　向人倾诉自己失恋的痛苦并不丢脸，而是一个人通过积极方式改变处境的一种智慧。总之，我们要做到失恋不失德、失恋不失态、失恋不失志。要记住，最可怕的并不是失恋，而是失恋下的自我丧失。

做最好的自己

有个技校女生，喝农药自杀，后因觉得农药难喝，喝了几小口就喝不下去了，晕倒在街口，被人发现后，从她的校徽上找到了女孩所在的学校。女孩被送到医院后，经过及时抢救，脱离了生命危险。后校方查找她的物品中发现她写的纸条，她说自己长得太胖，水桶腰，满脸痤疮，面目狰狞，因此，同学都不喜欢她，看到她都会害怕、恐怖。实际上，她身高1米62，体重90多斤，身材匀称，脸上有几颗青春痘，眼睛很大，长得挺好看的。可她性格内向，不和同学交往。她对自己的评价不准确，错误地认为自己长得很丑，很难看，从而导致过度自卑，得了抑郁症，需要进行心理治疗。

另一个技校男生，身高一米八以上，是学校篮球队员，长得很精神、挺帅气的一个小伙子。从小家里人经常夸他长得靓，爷爷去哪里都爱带上他，不带他的堂哥，导致他过于在乎自己的长相。上高二时，一天，他发现一个男同学看他的眼光很怪，回去照镜子。他发现自己的眼睛很小，认为同学一定是觉得他长得难看，后来，发现女同学也偷偷笑他，更觉得自己眼睛长得不对。以致读技校后，他非常自卑，不敢看人，最后得了社交恐惧症。

以上两个学生都主观地认为自己长得很丑、很难看，因此非常自卑。他们产生自卑的原因，是因为他们主观上的评判标准有问题，也和他们的性格有关。女学生性格孤僻内向，男学生追求完美。所以自卑很多是由于主观认识及性格因素造成的，而不是客观事实的反映。就如美国的著名企业家、演讲家，最伟大的人生导师之一戴尔·卡耐基，在他的《卡耐基写给女人一生幸福的忠告》一书中曾说，当他还是孩子的时候，曾经认为自己身材太高是一种不正常的表现，因此他很自卑。可我们知道，很多男孩都羡慕个子高的人。我咨询的案例中，就有学生因为身高一米八九而自卑的。所以，自卑主要是错误的自我评价造成的，而并非事实。

很自卑怎么办？

心结四

自卑的产生有各种原因。生理上的原因主要有先天性生理缺陷或长相不佳，如身材矮小、肥胖的人；经济方面的原因，如极度贫困的人，云南大学学生马佳爵杀人事件的发生，就与马佳爵家庭贫困造成他人格上的障碍有关；学习或工作上经常遭受失败、挫折打击或很少得到教师、家长认同、表扬的人。但更多的自卑是因为性格和自己评判标准的错误造成的。如孤僻内向、多愁善感；爱做错位比较，喜欢以己之短比他人之长；不考虑自身实际情况，把目标定得过高等。

很多技校学生非常自卑。他们中的很多人因为从小学习成绩不好，受到过多批评和责备，导致他们对自我的评价不高，尤其读技校后，很多学生非常羡慕大学生，总为自己读技校感到自卑。

我在一个分流班上班会课，他们因为理论考试多门功课不及格，所以改编在一个小班，以学习实操课为主。我问他们是否自信？是否喜欢自己？结果一个班 30 多人，自信的学生只有 2 人，大多数学生不喜欢自己，认为自己没什么优点。这说明来读技校的学生，不少人很自卑，总觉得自己不如大学生，将来找工作也不好找，对未来失去信心。他们告诉我，因为学习成绩不好，他们从小一直挨老师和家长的批评，甚至有的学校老师把他们这些学习成绩差的学生分在一组或最后的几排，几乎不管他们，认为他们将来不会有出息。因此，他们很自卑。

学习成绩不好就一无是处、没有其他优点吗？答案显然是否定的。学习成绩不好，只代表学习能力不强，但并不是一无是处。以"一好代百好"是一种错误的观念，学习能力只是人的一种能力，而一个人的成功需要多种能力，并不仅仅取决于学习能力！

每个人有不同的优势发展区域。学习成绩不好并不代表一切都不好。技校生，有的字写得漂亮，有的舞姿优美，有的歌声嘹亮；有的勤劳善良，有的踏实肯干，有的演讲口才好，有的销售能力强。学习成绩好只代表学习能力强，但技校学生最主要的优势是操作能力强。因此，如果能发掘自己的潜力和长处，做最好的自己，技校学生也一样值得我们自豪和骄傲！

心灵成长故事与分析九

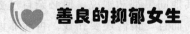

善良的抑郁女生

菲菲来到我的咨询室，她感到很抑郁。"老师，我真的很累，我很怕自己自杀，这样对不起父母。我很想回家或是出去工作，但我不敢回家，因为回家，家里人就骂我。虽然我原本篮球打得很好，跳舞也很好，可他们总觉得打篮球、跳舞耽误学习，所以，我什么爱好都放弃了。我觉得自己病了，为什么一定要我学习呀，对社会和学校我都感到恐惧。我没有目标，对未来一点信心都没有。我不知道该朝什么方向发展。我学习不好，一点能力都没有，但能力对我很重要呀。为什么别人都那么坚强，而我却连一点问题都无法解决。理论知识对以后到社会上很重要，我在学校如果不多学一点，以后想学习就没那么好的条件。我哥哥他们现在工作了还要学习。我真没用呀。老师，我累呀，好想走……"

这是一个被家人从小要求用心学习的孩子，但她个人的学习能力有限，无法达到家人和自己的要求。在巨大的学习压力下，她终于倒下了。最后，在女孩的强烈要求下，她退学了，后来她在兄弟姐妹的帮助下，找了一份当营业员的工作。

工作后，由于学习压力没那么大，她的情绪有了好转。她一直与我保持联系。每当遇到不愉快的事，都及时与我沟通，最终她变得开心、快乐起来，走出了抑郁的阴霾。随着与她接触的增多，我发现她身上有很多善良的品质。

她在一个商店工作。一次，她发现新来的员工，收银时收了一张100元的假钞。想到这个女孩刚工作，又来自农村，经济上一定非常困难，所以，菲菲主动为女孩补上了100元钱。事后，女孩既没有对她说一句感谢的话，也没有客气地说一句下个月发工资还钱给她，所以，其他同事就笑她太傻，为什么要帮那女孩补上那100元钱呢。但菲菲告诉我说，她刚工作时好困难。为了省钱，她从不吃早餐，有时甚至一天只吃一餐饭。她可以想象这个农村的女孩也像她一样很不容易，所以，她为这女孩出100元是心甘情愿的。

一次，菲菲听说她读技校的同学患了癌症，就立即给那个学生汇了1000元。菲菲说，她在商店工作，每月收入也只有1000多元，但想到这个同学更需要钱，所以，她不顾家人的反对，给同学汇了1000元，希望能帮他渡过难关。另一次，一个高中的女同学，因为失恋跳楼自杀，被抢救后命虽然保住了，但却成了一个躺在床上的残疾人。她从同学的QQ群中得知这个消息后，立即赶到女同学的病床前，给女同学送了一个红包，鼓励女孩要坚强地为了爸爸妈妈和其他亲人、朋友，好好活下来。当时，她请假乘火车来看望这个女生时，其他同事都劝她说，何必亲自过去呢，来回乘车等几乎用了她两个月的工资。而且，请假还要扣钱。可菲菲说，她这么大老远地去看这个女生，只是希望女生能明白，有那么多的人爱她、关注她，希望她因此懂得珍惜自己的生命。这个女生见到菲菲后非常感动，她说菲菲已经工作了，还大老远地来看自己，知道有这么多人爱自己，关心自己，所以，以后无论遇到什么事都不会做傻事了，会好好活下去。

在回学校看望女同学的同时，菲菲也不忘拜访几个老师和班主任。菲菲说，这些老师对她很好，给了她很多的帮助和关心，所以她很感谢他们。她买了一点礼物送给老师，还请老师们吃了一餐饭。菲菲说，她因为抑郁和经济困难，很多老师都非常关心她，在经济上为她想了很多省钱的办法，鼓励她渡过难关，所以，她一直都很感谢老师对她的帮助和鼓励。

虽然在商店工作，但菲菲还是努力提高自己。业余时间，她报名参加了会计考证和电脑考证的学习，如今她已经取得了会计师和电脑方面相关的证书。菲菲现在又换了一个新单位做会计。菲菲说，通过提升自己的能力，为自己未来的生活创造条件，特别是家中爸爸、妈妈为自己付出了很多，几个哥哥、姐姐也总是帮助自己，她要努力回报他们。

【分析】

菲菲是"90后"，有些人认为"90后"的孩子很自私，不懂得感恩，也不知道善待他人，但菲菲是一个非常懂得感恩的学生。任何一个老师、班主任对她点点滴滴的好，她都记在心中，所以，常常听她说她很幸运，遇到了那么多好老师，所以，在回学校看望同学时也不忘拜访曾经帮助过她的老师。

菲菲在巨大的学习压力下，抑郁情绪一直围绕着她，但她懂得及时就医，寻找心理医生的帮助，同时，在工作中，她很善于调整自己。她告诉我说，刚工作时，她总认为自己高中毕业，又读了技校，比其他从农村出来的女孩要强些，感到自己读了那么多书，还和她们一样在商店工作而遗憾和不甘。所以，她利用业余时间考会计证、电脑等操作证。但一边工作一边学习，她感到很累。尤其为了听课，经常要请假和调休，给同事也带来很大的麻烦。因为工作要倒班，可她一请假，别人就不能休息了，所以，她曾一度非常烦恼。为此，她还和一个个性泼辣的同事小夏吵架。但事后，她发现小夏虽然初中没毕业，但很开朗，即使与人闹矛盾，也从不记仇，第二天还像没事的人一样，依然和你打招呼。发现小夏有很多值得她学习的地方，后来，她和小夏成了好朋友。在小夏活泼、开朗的个性影响下，菲菲开始反思自己。

菲菲对我说："我过去整天就只知道要学习，要考证，从不和同事一起出去玩，活得很累，也很孤独。可我发现，小夏读书不多，但个性大方、开朗，什么事也不多想，该玩就玩，该工作就工作，我才发现自己虽然读书比她读得多，但我却不快乐，也不懂得享受生活。所以，我认为，不要逼自己整天就是读书和考证，我也学会了和小夏她们一起去唱歌、跳舞，适当地放松自己。现在，我也变得开朗了，没有以前那么多愁善感了。"

尽管菲菲过去学习成绩不太好，个性上也需要完善，但她身上这种善良和懂得感恩以及积极进取、善于反思的品质，令我感动。当她知道自己个性上的缺陷，她主动求医治疗，与心理老师沟通，向比她开朗的人学习，逐渐完善自己个性上的不足，也改变自己悲观抑郁的情绪，让自己逐渐树立生活的信心，让自己变得快乐、开朗起来。

技校学生，常常因为自己学习不好或个性上的缺陷而自卑，如一些性格内向的学生，总羡慕外向的同学。但我们要相信人无完人，无论是老师还是父母都会原谅我们的不足。我们不能因为自己有一些缺点，就认为自己一无是处，没有优点。就如有人说的，我们都是被上帝咬了一口的青苹果，也就是一个有缺点的人，因此，我们也要宽容自己，不要过于追求完美。

菲菲曾是一个追求完美的人，觉得自己学习不好，认为自己很无能，看不起自己，也误以为别人看不起她，所以自卑、自责，经常处于抑郁的情绪之中。可我们看到，她身上也有很突出的优点，如她跳舞很好，篮球打得好，人很善良，因此，我们一样很欣赏她。

所以，技校学生不要苛求自己，不要盲目和别人比，不要用放大镜看自己的缺点和不足。当你学会接纳自己的本来面目，不要总用自己的弱点和别人比，学会发掘和利用自己的长处，挖掘自己的潜能，那么我们一样可以成为一个快乐自信的人！

老实憨厚的男生

小鹏的父母在安徽务农，他还有一个妹妹。在广州读技校时，小鹏很少说话，但学习非常用功。毕业实习时，他们学校两个班被安排在广州本田汽车公司。最终，两个班的学生中，本田公司留下了4名学生，小鹏是其中一人。这让同学非常羡慕，因为广州本田公司的待遇非常好，户口也能立即迁到广州，这是很多技校毕业生梦寐以求的事，因为迁户口到广州是很难的。

小鹏身高一米七，非常结实，一看就是一个能吃苦的男孩。他性格内向，不爱说话。当初在家乡，因为没考上重点高中才选择了读技校。尽管进了技校，但他并没有像其他学生一样无所事事，而是很用心地学习。无论是学习理论知识还是学习操作技能，他都非常用功。小鹏不是一个特别聪明的学生，但他是一个非常用功的学生，所以，在本田公司实习时，他很认真、很听话，也很能吃苦，这才被公司留下。

小鹏不善言谈，也很少和女孩交往，读技校时，他没谈过恋爱。他把时间和精力都用在学习上，这也为他在本田实习打下了一个良好的基础。因为直接留在本田公司，很多同学都非常羡慕他，而且户口能从安徽农村迁到广州，就更令人羡慕了。

参加工作后的小鹏，一方面很努力工作，另一方面也不放弃学习。虽然刚开始上班是倒班，工作非常辛苦，但他还利用晚上和业余时间参加了夜大的学习，提高自己的学历。

由于过于老实，到了谈婚论嫁的年龄，小鹏依然是独自一人。他见了女孩就脸红，也不敢和女孩讲话，更不用说主动追求女孩了。因为非常关心小鹏的个人问题，小鹏的亲戚多次托人在广州给他介绍对象。

本分本分，总有他的一份，老实憨厚、踏实肯干的小鹏深得同事喜欢，于是，在同事的介绍下，小鹏和另一个技校毕业的小眉见了面。小眉身高一米六五，一双大眼睛迷死人了，不少男孩追求她，但小眉执意要找一个老实靠得住的男人。见了小鹏，小眉认定这就是自己要找的人。两人经过一年的恋爱，喜结良缘，婚后生了一个女儿。在他们的共同努力下，他们在广州买了房子、车子，还把双方的老人都从农村接到了广州，过起了其乐融融的生活。

小鹏的经历总让我非常感慨。论长相，小鹏其貌不扬；论口才，小鹏是个沉默寡言的人，可谁看到小鹏的妻子小眉——一个漂亮的女人，都羡慕小鹏的命好。怎么那么一个老实巴交的男人，就能找到这么一个美丽漂亮而且贤惠的女人呢？

小鹏的妻子小眉告诉我，年轻时，很多男人追求她，但她看到一些女人婚姻不幸，所以，她坚定地认为，找丈夫不要贪图对方帅气，也不要贪图对方的钱财，要看对方是否是个老实肯干有上进心的人。小眉说，第一眼看到小鹏，就知道小鹏是个有责任感的人，就认定跟着小鹏过日子很踏实。

结婚后，小鹏一心扑在工作和家庭中。工作中，小鹏积极肯干，吃苦耐劳，深得领导喜爱，所以，他从一个普通的数控机床工人，一路发展成为质监人员、车间调度，直至今天成为公司的中层领导；在家庭中，小鹏也很勤劳，主动做家务事，洗衣做饭、拖地搞卫生样样都能做。只要有时间他就会带着老婆、孩子一起去运动，所以，日子过得非常快乐。

小鹏没有任何不良嗜好，不抽烟、不喝酒、不打麻将，只喜欢运动和看书，有时也会带着老婆、孩子和家人一起去唱卡拉 OK。小眉告诉我，她能和小鹏结婚，觉得自己很幸运。她说，她的一些小姐妹结婚时，看中对方的长相或钱财，那些帅气有钱的丈夫不是在外找情人就是贪玩经常不回家，而自己虽然钱财不多，但丈夫省吃俭用，日子也过得很满足。

小眉是一个贤惠的女人，她从没因长相好而感到在家中应该处于绝对的优势，她非常尊重丈夫。小鹏因为工作忙、经常出差等，她就承担了全部的家务，更重要的是，小眉非常通情达理，对公公、婆婆非常好。一般的家庭，经常出现婆媳关系不好的问题，但小鹏他们家就不存在。

小眉说，公公、婆婆供养丈夫读书很不容易，而且两个老人非常节俭，对他们小家庭贡献很大，怎么能对老人不好呢？所以，小眉对公婆非常孝顺，这让小鹏也省了很多心，更能一心扑在工作上。

如今小鹏成为公司的中层领导，他变得开朗多了，说起话来也是一套一套的，完全不是以前那个沉默寡言的人。所以，我们要相信，即使技校学生，只要依靠自己的勤奋和努力，一样可以活得快乐和满足，可以拥有幸福的家庭！

一个人的成功不是完全取决于自己的学历，也与自己做人做事的风格有很大关系。所以，技校学生，如果能真正拥有一门过硬的技术，拥有善于学习进取的精神，那么你也能过上想要的好日子！

———— 心灵成长故事与分析十一 ————

在技校入党的男生

很早就认识黄学智。我虽然没有给黄学智讲过课，但为了参加演讲比赛，黄学智主动找到我，希望我能辅导他演讲。他把稿子给我审查后，根据我的要求改了稿件，又每天主动找我辅导，最终他在演讲比赛中获得了第一名的好成绩。以后他多次在学校参加演讲比赛，每次比赛前他都找我辅导，而他也常常取得第一名。我感到他是一个做事很认真的人，但并没有很在意他。

又一次，学校组织参加广东省技工学校职业生涯规划的演讲比赛，我参与参赛选手的选拔工作。很多老师提议黄学智作为选手，但我没同意，因为黄学智的普通话不准，如果参加全省的比赛，即使他的讲演技巧很好，也很难获得好成绩。最终，确定的4个参赛选手中没有黄学智。

我和另一个老师作为指导老师，我辅导的参赛选手是两个男生。由于时间非常紧迫，在一个星期内学生必须背熟稿件。距离参赛时间只有一个星期，所以，稿件由指导老师根据学生的实际情况写，因此这两个男生的演讲稿都是我写的。第一天，我写好稿交给了学生，要求他们尽快背熟稿件，第三天到我办公室演讲。其中的一个男生第三天来了，稿件不熟，而且迟到了。我说，你这样很难完成任务。结果第五天，那个男生告诉我，他不参加了。没有办法，学校要求再找一个男生替补，于是，其他老师再

次向我推荐黄学智。想到时间仓促，我只好同意。第七天就要在全校公开比赛，于是，在第五天的下午，我把稿件给了黄学智，要求他第二天来我办公室演讲。

第二天早上，黄学智来我办公室，开始了演讲。虽然不是非常熟练，但几乎能将稿件正确背诵出来。我非常吃惊，问黄学智："就一个晚上，你怎么这么快把稿件背熟？""我昨天拿到稿子后，就到学校的操场上一个人大声地背诵。今天早上 5 点我就起床，早早去了学校操场，又在那里大声背熟。就这样，把稿子背熟了。"我听了，非常感动。因为我经常参加演讲比赛，演讲稿都是我自己写的，背诵起来容易多了。而黄学智的演讲稿是我写的，一个晚上能将别人写的稿背熟，这需要花很大精力。由此可以看出，黄学智做事非常认真。虽然因为黄学智普通话不准，没有进入省里的决赛，但黄学智却因此获得了我的欣赏。

后来，黄学智竞选学生会主席，他再次让我辅导他的竞选演说，很快脱颖而出，担任了学生会主席。此后，不少女生追求他，但他不知该怎么拒绝这些女生。他说，他只想在读书期间把学习搞好，不想在恋爱方面投入精力。于是，我给了他一些建议，让他做出既感谢女生对他的爱，又拒绝后不伤害女生的一些技巧。

毕业前，学校党支部讨论黄学智入党的问题。这是我校第一次在学生中发展党员。我很高兴地发表我的意见。我说黄学智是一个工作认真、学习踏实、责任心强的人，推荐党支部吸收他入党，于是，黄学智成为我校第一个学生党员。一年后，由于各方面表现突出，黄学智留校成为一名实习指导教师。为了提高自己的教学水平和工作能力，黄学智工作后，参加了成人高考，进修大专后又进修本科，如今，已经本科毕业了。

之后，黄学智担任了班主任。他对工作特别负责任，他班里的男生原本比较调皮，但他投入了很多精力管理，组织学生烧烤等活动，还自己掏钱补贴班会费，组织各种班级活动。在黄学智的积极努力下，他带的班成为学校的文明班级。他也因此多次获得优秀班主任的称号。

他积极的工作态度也获得了学校师生的一致好评。原本他只是一个聘任老师，由于他努力工作，又不断进修，提高自己的学历，积极参加职称晋升，如今已经是中级职称。在学校公开招聘考试中，他由一名聘任老师转为了正式老师。

如今，很多大学毕业生希望能成为一名正式教师，因为教师的工作稳定，待遇也不错。而黄学智作为一名技校学生，最终能成为一名正式的技校老师，这让他的同学很羡慕。现在，黄学智虽然还没结婚但已经买了房子。和同龄人相比，他的工作和生活应该是很不错的。我想，这和黄学智自身的努力分不开。所以，即使是技校学生，只要你能以积极负责的态度对待学习和工作，你也可以拥有让人羡慕的好生活！

【分析】

我没有问过黄学智为什么选择读技校，虽然他很主动找我辅导他的演讲，但我只是出于一个老师的责任辅导他，并没有特别关注他。真正关注他是从他很努力地投入广东省技校学生职业生涯规划的演讲比赛活动中。虽然我一直因为他的普通话不准，没让他参加比赛，但他用自己的刻苦告诉了我：他的态度注定他能成为一个成功的人。所以，他成为我校第一个学生党员。

工作后，一方面，他不断进修，提升自己的能力、学历；另一方面，担任班主任，他全身心投入工作中。虽然接手的是较难管理的男生班，但他用

自己细致的工作作风，感动了学生，也让学生为了他而做出改变。

在我值班的时候，我几乎看到每天晚自习，他都主动到班上给学生交代一些事。要知道，黄学智是一个 20 多岁的小伙子。多数男孩在这个年龄，都忙着和同事、朋友在一起玩耍，忙着谈恋爱，而他却把业余时间都用在工作上。

谁说技校学生就无法实现自己的梦想？心有多高，梦就有多远！黄学智，用他的努力换得了学校老师的尊重和认同，也用自己的诚意打动了他的学生。

我们常说性格决定命运，一个做事认真的人，注定能获得更多的回报。所以，黄学智的故事告诉我们：只要努力，技校学生一样有机会实现自己的梦想！

——— 心灵成长故事与分析十二 ———

靠自己赚学费的男生

肖建在听了我的第一节语文课后，主动找到我。他告诉我说，学校组织大专班考试辅导，去的学生不多，所以，学校成人高考录取率很低。他问我，他想自己组织学生复习，给学生上辅导课。他了解到老师上辅导课有补贴，所以希望自己上课，学校将补贴发给他。我说，这得和教务科说，因为辅导学生是教务科安排的。之后，他没有去和学校领导说这事，但他在班上给学生上辅导课，收取了合理的补课费。

肖建说，他考上了大专，只是没有达到自己的理想目标，而且家里又很穷，上大学的学费太贵了，所以高中毕业后，他直接打工去了。打工后，他发现自己没有技术，收入低而且工作也不好找。一年后，他用自己挣的钱来读技校。他认为读技校就业比较有保障，而且，读技校的学费比较便宜。

肖建在高中时成绩很好，是班上的学习委员，现在这里上的数学等基础课，他觉得太容易了，所以，辅导参加成人高考的学生，他认为自己完全可以胜任。很多学生也愿意听他的辅导课，而且，经过他辅导后，达到成人高考分数线的同学增加了很多，他也因此赚了一些钱。

　　他还在男生宿舍做生意，卖一些学生需要的日用品以及牛奶、火腿肠等，价钱比较便宜。他主要采取薄利多销的办法，如批发卖牛奶，而火腿肠一根根地卖，营销方式灵活多样。遇到热销的书籍，他会批量网购后，再以一定的折扣卖给学生，从中赚差价。因为学习成绩好，人缘关系也不错，班主任让他担任了班长。他在同学中威信很高，开会、搞卫生、组织比赛、运动会等班级工作几乎不用班主任操心。

　　在技校学习的三年，他依靠打工挣钱养活自己，没向家里要过一分钱。快放寒暑假前，他上网查找用人单位，多次组织学生打暑期工和寒假工，他从中赚取中介费，并且他也和其他学生一样参与到打工之中。学生很信任他，有了问题也及时和他沟通。一年下来，他能挣上万元。就这样，直到技校毕业，他没有伸手向家里要钱，全靠自己挣学费和生活费。

　　他不仅善于做生意，口才也特别好，写作能力也很强。所以，每次放寒暑假前，他会利用晚自习的时间，到一间又一间教室进行暑期工的宣传和组织工作。他将打工去的单位、地点、收入、工种等一一告诉学生，并发放相关的宣传单，留下自己的联系方式，希望学生能和他一起打工赚学费或零用钱。由于组织了多次这样的打工活动，而且打工的收入也不错，学生很信任他，也愿意和他一起去打工。

　　肖建身高一米六九，偏瘦，长相一般，但给人非常诚实的感觉。他说话很实在，对打工单位的介绍不夸大其词。后来，他主动竞选学生会干部，成为学习部部长。

【分析】

　　肖建告诉我，他的理想是做一名教师。他说自己来自农村，深知知识对人的影响，也懂得知识改变命运的道理。我认为他很适合做教师，但如果要成为一名教师，他必须要读师范类的专业。我建议他工作后参加自学考试或去师范学院进修，学习教育学等专业，这样也能实现自己做教师的梦想。

　　肖建毕业后，用自己赚的钱去师范学校进修，后来回到了他所在的农村当了一名教师。前段时间，肖建的班主任告诉我，肖建已经做了那所小学的校长！

　　肖建在技校最喜欢唱《真心英雄》这首歌："……把握生命里的每一分钟，全力以赴我们心中的梦。不经历风雨怎么见彩虹，没有人能随随便便成功⋯⋯"肖建用自己的行动证明了这句话！爱拼才会赢，肖建让我们相信人生可以因为我们的努力而改变！

在技校，像肖建这样家庭贫困的学生很多。不少学生非常有志气。他们从进校开始，就知道无法依靠父母给自己学费，于是利用自己的知识和能力，通过在食堂帮忙，打暑假、寒假工，赚自己的学费和生活费。有些学校因为在市区，他们利用节假日时间去麦当劳、肯德基或特惠店、快餐店打工挣钱，有些男生会做周末保安。

这些学生知道打工很辛苦，挣钱也不容易，他们往往比较节约，不会乱花钱，学习也很用功。与一些总是伸手向父母要钱，而且总觉得父母给的钱太少，甚至因此责备、埋怨父母的学生相比，他们更孝顺父母，也理解父母养育自己的不易。

当然也有一部分学生，不体谅父母的辛苦，怕吃苦受累，让父母很操心。一天，我家的玻璃门底下的滑轮坏了，一个工人来修理。闲谈中，他告诉我，他有一个女儿和一个儿子。女儿初中毕业后就出去打工了，而他交了学费，让儿子读技校。可没想到，儿子读了一个月就不肯读，说上课听不懂。于是，他只好让儿子和自己一起干活。安装玻璃是一门技术活，儿子什么都不会干，又不用心学。他叫儿子去干一些跑腿、拿东西的活，儿子嫌太累太麻烦，做了不到一个月，就不做了。现在，儿子整天待在家里，不是玩游戏就是睡觉。这个父亲对我说："我对他说，'你是我的老子，我是你儿子呀'。我拿他一点办法都没有。"

同样是技校学生，却有着不同的人生和命运。因此我们说，不是因为你读技校你就无法收获成功，而是即使读技校，只要你不放弃目标，你一样可以成就自己！就如肖建，一直梦想有一天能做小学老师，通过努力，他最终实现了自己的理想！我相信，他也会尽自己最大的能力来改变家乡孩子的命运！

技校学生自卑的心理调适

一些学习吃力和动手能力较差的技校学生，在考试中，由于屡遭挫折，总认为自己没希望了，前途一片黑暗，老师和同学看不起自己，而且特别在乎同学之间的比较。这就使得他们背上沉重的心理包袱，产生悲观、抑郁的情绪，甚至出现退缩现象，不愿意和同学来往。他们总感到什么都不如人，处处低人一等，在同龄人中感到抬不起头，觉得自己与成功无缘，而总与失败相随，常感失败、忧伤，自卑感强，甚至发展到自我厌恶甚至自杀。

自卑是由于个体对自己某种生理、心理的因素或其他原因的认知偏差，自以为不如他人而产生的一种不满自己、轻视自己、否定自己的消极心理，往往是自尊心屡屡受挫的结果。人在生活中有时产生自卑是很正常的，适度的自卑感对人的发展有好处，能促进人的自我改变，但过度的自卑感则会在学习、人际关系等方面由于对自己的能力、学识、相貌等评价过低而丧失信心。

自卑者一方面对自己求全责备，抱怨、指责、否定自己；但另一方面他们往往又有很强的自尊心，总担心自己的行为会当众出丑，受到别人的伤害，于是为了维护自尊，便遇事回避、处处退缩，不愿抛头露面。这样的自尊心过强，又将导致更深的自卑。

自卑产生的原因有：对个人先天条件不满（如残疾、身高、长相、体形、肤色等），童年的不幸遭遇，学业求职的忧虑，经济拮据引起的心理失衡，性格方面的不足（如内向腼腆、不善交际等），以及恋爱和性产生的心理困扰，还有家庭方面（如父亲坐牢、父母离异，和养父母生活、家中亲人患精神病等）。其主要是来源于社交中不恰当的自我评价。

自卑的危害主要为自卑怯懦、缺乏自信是心理抑郁、事业不能成功的主要原因。自卑者往往自认为一切都不如别人，并伴随对前途的渺茫、无自我价值感、失望感。而自卑导致的抑郁，最终可能自杀，因此，我们需要调适自己。

技校学生自卑的调适方法主要有：

1. 客观地认识自己，无条件地接受自己

要克服自卑，技校学生首先要接纳自己。因为尺有所短，寸有所长；金无足金，人无完人，所以，我们要正确认识自己，客观评价自己，对自己不要苛求完美，允许自己存在不足和缺点。自古红颜多薄命，也许正是因为红颜长得太完美了所以寿命就不长，命运也坎坷。也许我们的长相不是最美的，但长相没有缺点的人几乎不存在，所以我们要接纳自己的长相；我们的学习也不是最棒的，所以我们选择了读技校，但多元化成功的观念告诉我们，技术工人也能成功。

我们不要用自己的短处和别人的长处比，而要学会欣赏自己的长处，忽视自己的短处。历史上很多名人能克服自身的弱点，最终取得成就。拿破仑个子矮小，但他是一个著名的将军；罗斯福因小儿麻痹症瘫痪，但他成为了不起的总统。

"三百六十行，行行出状元"，我们要接纳自己将成为技术工人的事实，并不是大学生才是学生求学的唯一成才之路，技校生也是社会有用的人才。

只要我们努力，一样可以创造美好的生活。"金牌工人"许振超，"工人专家"李斌，他们用自己的事迹向我们证明：技术工人一样是我国人才队伍的重要组成部分，是我国现代化建设的重要力量！因此，技校生要发现自己的优势，相信自己也能成为行业的状元！

2. 建立合适的比较体系

当我们觉得自己不行时，是因为我们选择了不恰当的比较体系，所以，技校学生应确定合理的比较对象，不要放大自己的缺点，忽视自己的优点。同时，技校学生还须通过努力，提高自己的综合能力。只有这样，我们才能克服自卑。

我们不要用自己的短处和别人的长处比，用自己的劣势和他人的优势比。要知道"尺有所短，寸有所长"。每个人有不同的优势和劣势。世上没有两片完全相同的树叶，每个人都有自己的特色。我们要学会欣赏自己的优势，接纳自己的劣势。对于可以改变的，我们要加倍改变；对于不能改变的现实，我们要学会宽容和接纳。调整心态，换个角度，我们会发现自己也是与众不同的人才。如我们的理论知识不如大学生，但大学生的动手能力不如我们。现在找工作，一些大学生高不成、低不就，出现了就业困难；而我们技校学生因为动手能力强，适合在艰苦的岗位锻炼自己，反而就业机会比大学生多。所以，有些大学生毕业后，还重新到技校学习技能。因此技校生不要一味地认为自己不如大学生，做最好的自己，使自己成为独一无二的人，就会欣赏自己，接纳自己！

3. 调整自己的目标，确定合适的理想抱负

技校学生往往为自己确立了不合理的目标，不适合自己的目标，因而对自己感到失望和不满。所以，我们要调整自己的目标，根据自己的能力，设定一些现实和可能实现的目标，用自己的成功经历给自己带来自信。

4. 建立广泛的人际交往

多和以前的同学联系，包括大学生，在和他们交往的过程中，会发现他们也有很多的困惑和烦恼，也有自卑心理，这样就会认识到自卑是一种正常的现象，每个人都可能自卑，但不能过度自卑。同时学会主动结交新的朋友，学习他们的良好性格，完善自己的个性，在人际交往中发掘自己的优点和优势，增加自信。

5. 多参加社会活动

通过参加各类活动，如打球、跳舞、演讲比赛、书法摄影比赛、校园歌手比赛等，发现自己的长处和优势，从而改变自己的防御方式和回避社交的现象，以此克服自卑心理带来的影响和不良认知，增加自信心。

每个人的天赋不一样

近年蜚声国际影坛的华人导演，在太平洋、大西洋两岸均取得了不俗的成就，迄今已经两次获得奥斯卡奖、两个威尼斯电影节金狮奖和两个柏林电影节金熊奖。李安因《卧虎藏龙》而捧得奥斯卡奖后，他站在高中母校的讲台上，说他高中时的成绩不太理想，多年参加大学联考名落孙山，让当时担任高中校长的父亲颜面尽失，自己也觉得很是不孝。然而后来去念了艺专，却找到了人生的最爱——电影。他说："人生奇怪的事很多，也有很多转折。当一个人好像要不行的时候，又会出现转变契机。"这位现在红遍世界的国际大导演，当年曾经在美国因为失业，在家赋闲近10年，每天煮饭烧菜，是标准的家庭煮夫。十年的"没出息"岁月中，如果他放弃了电影梦，改做其他行业，就没有今天的电影《卧虎藏龙》，也就没有今天的李安。然而，李安熬过来了，因为他对电影的热情从未减少。因此，在多年后，他终于有了机会大放异彩。（摘自《工作其实很简单》，张怡筠著，石家庄：河北教育出版社，2007.10）

刘谦，荣获无数国际奖项的魔术表演者，他的表演足迹遍布世界各地，并多次受邀至国际性魔术大会担任嘉宾演出。其前卫的风格及惊人的创意，获海内外同行的赞赏，是在全世界的同业间最具知名度的魔术师之一。他是唯一曾受邀至拉斯维加斯及好莱坞魔术城堡演出的中国台湾魔术师。

虽然刘谦取得了如此辉煌的成就，但他儿时学习成绩并不理想。他一直痴迷于魔术。12岁那年，他的偶像世界魔术第一人大卫·科波菲尔，亲自给他颁奖。从那以后，他知道了虽然学习不好，但自己可以在其他方面取得成功，于是他树立了伟大的理想。虽然他是一位没有师傅传教的人，他学习魔术是靠自己的天资和后天努力，但最终他成功地证明了自己。

中国台湾女作家吴淡如写的《乐观者的座右铭》中说，天才就是把自己放对地方的人才，也就是对自己要准确定位。每个人的天赋不一样，适应的工作也不同。学习成绩的好坏只反映你的学习能力，并不代表你在其他方面不能成功。因为人的能力有很多方面，学习能力只是一个方面。

李安和刘谦的成功告诉我们，只要我们善于挖掘自己，找到自己的长处和挚爱，朝着这个方向努力，成功一定属于你！因此，技校学生要了解自己，知道自己擅长做什么，对什么感兴趣，给自己合理定位。在充分了解自己后，确定正确的目标，然后集中人生有限的时间和精力去攻克这个目标，成功的机会就比别人多。

做最好的自己

　　李开复写的《做最好的自己》，书中强调只有摒弃一元化的思维定式，支持和鼓励年轻人多元化、个性化的发展道路，整个社会才能涌现出更多的人才。

　　据美国对1500名商学院的学生长达20年的追踪研究发现：追逐兴趣并发掘自身潜力的人不但更快乐，而且更容易得到财富和名利的眷顾。因为他们所从事的是自己真正喜欢的事情，他们更有动力、更有激情将事情做到最完美的状态——即便他们不能从这件事中获得财富和名利，他们也会得到终生的快乐和幸福。

　　因此，李开复认为我们要花更多的时间在自己的兴趣上，对没有兴趣的课，我们只要尽力地准备，尽力学习就好。我们不要过于压抑自己的情绪，不要轻易走入一元化成功的误区，而是应该主动选择最适合自己的成功的道路，追寻自己的理想和兴趣。

　　而我认为，技校学生在以学习成绩作为评判学生成功的唯一标准时，一直承受着来自学校和家庭过多的批评和指责，使得技校学生总为自己感到自卑。从李开复写的这本书中，我们要相信技校学生在多元化成功论的观点引导下，只要能坚定自己选择的目标，朝着这个目标努力，就有实现成功的希望。

　　李开复认为成功就是按照自己设定的目标，充实地学习、工作和生活；就是始终沿着自己选择的道路，做一个快乐的、追求兴趣并发掘自身潜能的人。而财富和名利等外在指标往往是社会整体意识强加给个人的镜子、标尺和参照物。成功就是不断超越自己，做最好的自己！

　　一次，一位中国家长问美国某大学的校长："你们学校有多少好学生？多少差学生？"校长诚恳地说："我们这里没有差学生，只有个性特点不同的学生。"因为每一个人都有自己的特长和潜质，在多元化成功的模型中，只要主动选择，每个人都有成功的机会。

　　李开复提出了"成功同心圆"的理念，认为"成功＝价值观＋态度＋行为"。正确的价值观处于最中心的位置，在正确的价值观的指导下，人们才能有正确的态度；而有了正确的态度，才能指导正确的行为。所以，正确的价值观最重要。如每个人要知道自己的事需要自己负责、自己解决。因为自己是决定命运的主角！又如，发生在自己身上的事，都应该由自己决定而发展和变化，而不是因为自己无所作为就能变成现实。也就是如果要想成功，还必须有相应的行动，否则一切都是空谈和幻想。所以，我们应多给自己决定的权利，少推卸责任，少抱怨。当遇到自己不能改变的事要勇敢地接受，不要把时间浪费在悔恨、羡慕和忌妒上。

李开复的成功同心圆图解

李开复认为，一个人要想取得成功，首先必须拥有正确的价值观，因为价值观是指导所有态度和行为的根本因素。有了正确价值观的指引，就可以端正自己的人生态度。对于一个渴望成功的人来说，最重要的人生态度包括积极、同理心、自信、自省、勇气、胸怀六种。最后，还要将正确的价值观和人生态度应用到追寻理想、发现兴趣、有效执行、努力学习、人际交流、合作沟通等六种最基本的行为方式中，它们构成了同心圆最外面的一环。按照这样的顺序寻找通往成功的道路，每个人才有可能做最好的自己，实现多元化的成功！

作为技校学生，也许我们学习理论知识的能力不一定很强，但我们的动手操作能力较强，因此，我们要发挥和挖掘自己的强项，而不要一味地用自己的弱项和大学生比。大学生有大学生的优势，技校学生也有技校学生的优势！"三百六十行，行行出状元！"中视十套"状元360"栏目中，很多技能型人才成为我们的骄傲！所以，每个技校学生，只要找准自己的位置，做最好的自己，那么，我们也可以创造属于自己的精彩人生！

第五章

冲动毁了我们的生活

【心理咨询案例导读】

　　小翠来到咨询室。她告诉我，班主任批评另一个女同学，说她化妆太浓了，不像学生。结果，这个女生说小翠和她一样化妆，为什么老师不批评她？于是，老师看见小翠说，你以后也不要化妆了。这让小翠十分生气。小翠对我说："老师批评她，关我什么事？她竟然拿我来说事。我和她无仇，她这样在老师面前乱说我。我很气愤，真想叫外面的人教训她一下。但我不知道这样做对不对，所以，老师，我先来找您问一下，您说我这样做对吗？"

　　小翠来时非常冲动，恨不得立即找人把那个女生揍一顿。我于是和她聊了起来。通过沟通，小翠听取了我的意见，谅解了同学无意之中的一句话，最终，她没有找那个女生的麻烦，而是不把这当一回事。

　　通过这个很简单的案例，我们看到很多技校学生非常冲动，为一点小事将矛盾扩大，甚至由此酿成悲剧。如技校某男生经常打架闹事，当又一次打群架时，他们把对方砍成了重伤，之后，其他几个人被警察抓住，而该男生逃走了。该男生的家人一直向警方隐瞒了和他联系的事实。又一次发生打架事件，该男生被对方砍断了双腿，而且，由于他是在逃犯，他没法及时就医。当警方了解这一真相后，继续做男生父母的工作。最后，男生的父母带着他自首了，但这时，他们已经悔之晚矣。男生的母亲泣不成声地说如果早一点让儿子自首，也许儿子的双腿能保住。

太冲动怎么办？

心结五

　　由于技校学生处于青春期，又称为情绪的"暴风骤雨"期或"危险"期。他们常常有不可自控的情绪波动。当遇到不满或不公平的事情时，他们容易出现突发式的情绪失控。虽然平静之后也会后悔，但又常会复发。

　　这个时期的技校学生血气方刚，他们的情绪发展兴奋性较高，稳定性较低，情绪具有激情性、突发性、冲动性的特点。如个别同学对体育比赛表现得狂热和参与打架斗殴的冲动等。同学之间也许因为一句不中听的话，就会引起拳脚大战。积极的激情和冲动表现在见义勇为，而消极的激情和冲动表现在为了哥们义气或小团体利益不惜违反校规校纪甚至犯罪等，最终可能毁了他们的一生。

冲动常常会和愤怒联系在一起，但愤怒往往是以愚蠢开始，以后悔结束。因此，学会控制自己的情绪，避免冲动和激情犯罪，对于技校学生尤其重要。

俗话说"怒气伤肝"，当人发怒时，导致心率失常、心悸、高血压、失眠、胃溃疡等躯体疾病，严重时可能导致心脏停搏甚至猝死。愤怒还会使人的自制力减弱或丧失，不能正确评价自己行为的意义和后果，做出不理智的冲动行为。因此，我们要善于调整自己冲动的情绪，及时控制自己的怒火，具体应从以下几个方面调整自己：

（1）及时制怒。在怒气产生时，可以用理智强迫自己先不要讲话或通过一段时间的冷静再思考问题，同时做深呼吸，也可以选择合适的语言暗示自己，如"怒伤肝"、"要克制，不要冲动"、"不要生气""冲动是魔鬼"等，使冲动的言行得以缓解，避免不必要的损失。

（2）学会逆向思维。人发怒时，容易顺着愤怒的指向思维，于是越想越生气。这时，如果能从相反的方向思考问题，考虑到问题的其他方面，看问题就比较客观，也就不再那么生气了。

（3）转移环境。在自己生气时，如果可能，就应尽量离开引起愤怒的人和事，换换环境，待自己心情平静后再考虑和处理问题。

（4）听取规劝。盛怒使人的控制力降低，难以理智地控制自己，如有旁人在场，最好听听别人的劝告，就可以及时控制愤怒情绪。否则一意孤行，就可能发生过激行为。

（5）活动宣泄。有意参加一些自己喜爱的文体活动，如打球、爬山等，转移视线，将怒气自然宣泄出来。

心灵成长故事与分析十三

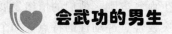

会武功的男生

接触晓剑是在他们班上组织去丹霞山的活动中。因为爬山比较辛苦，但晓剑一路跟着我，经常问我："老师，您辛不辛苦？要不要我帮您拿东西？"
然后，他很自然地和我谈起他的理想以及对未来的打算。实际上，我早就知
道晓剑，因为他是我们学校武功最好的学生，我多次在学校看到他的武术表
演。因为有这方面的特长，他主动向学校的体育老师建议，在学校组建武术
协会，由他免费做学生的武术教练。

晓剑初中毕业后读了武术学校，武术学校毕业后在广州等歌舞厅从事武
术表演，最终，他认为自己没有技术，很难找到一份满意的工作，于是就选
择了读技校。到技校后，他的成绩不理想，因为他已经离开学校两年了，但
由于有武术特长，又担任学校武术协会的教练，他逐渐得到了老师和学生的
认可，这让他自信心也增强了。班主任让他担任了班长，这给了他一定的压
力，从此，他开始用功学习，努力把自己的成绩搞上去，最终成为一名品学
兼优的学生。

成立武术协会，是学生自发组织的，学校很少过问他们的情况。加入武
术协会的学生还真不少，男女生都有。尽管训练非常辛苦，可每天下午下课
后，我们都可以看到一排整齐的队伍，穿着统一的服装，喊着洪亮的口号跑
向学校操场。学员听从安排，训练也很积极，这一切和晓剑的努力分不开。
在学校的运动会或文艺演出时，晓剑他们的武术协会总会给我们献上精彩的
表演，也因此吸引了更多学生参与到武术协会中，晓剑因此成为学校的
名人。

晓剑身高只有一米六八，但身体结实而灵活。每次在舞台上，他表演的
功夫总会获得一阵阵热烈的掌声，晓剑也成为许多女生仰慕的对象。在技
校，晓剑没有谈恋爱。他对我说，技校学生将来毕业后，都各奔东西了，谈
恋爱没有结果，很难对女生负责任，不如工作后，找女友才合适。他说，自
己不想利用女生对自己的好感，玩弄她们的感情。

晓剑不仅武术方面有特长，而且是一个很勤劳的学生。在多次参与他们
班的郊游、烧烤活动中，我发现晓剑总是很主动地替同学背包、拿木炭，一

个人经常跑前跑后地做事。晓剑说，他在家也很愿意为父母多做一些家务事，他已习惯了。晓剑告诉我，他家有一个老奶奶。奶奶很爱唠叨，别人很反感奶奶的唠叨，但他觉得奶奶老了，很孤独，所以，只要一回家，他就会主动陪奶奶说话，奶奶因此很喜欢他。

我工作忙时，常叫晓剑带着学生帮我搞办公室的卫生。他总是很认真地拖地、抹桌子、擦窗子等。我只要把办公室的门打开就好了，他们搞好卫生后，就把门关上。第二天，我到办公室，总能发现一个非常干净的工作环境。

虽然晓剑会武功，但平时他很少显露自己，而且他说话声音非常温柔，因为个子不高，体形偏瘦，声音又小，你从不会将他和有武功的人联系起来，但如果真的是功夫比赛，学校却没有人是他的对手。

【分析】

晓剑之所以让我感动，是因为在技校，我经常开展关于"远离校园暴力"方面的讲座。我接触和见过不少学生中的暴力行为和冲突，一些学生会被打伤、打残甚至被打死。现在，不仅男生充满了暴力行为，女生打架的现象也越来越多。每次做关于校园暴力方面的讲座时，我都会讲到晓剑。

晓剑是一个有武功的学生，在学校的知名度很高，如果打架，几乎没有学生是他的对手，但他从没参与任何打架闹事的事件。他人缘关系好、朋友多，即使有同学叫他出面打架，他也从不参与，也不让其他学生参与，反而主动利用他的特长帮助其他学生，成立武术协会，并要求协会的成员不许参与打架活动，而是通过各种表演，展示他们的武术才能。

晓剑说练武功是为了强身健体，帮助弱势群体而不是逞威风、欺负弱小。不过，他好打抱不平，如果在外面遇到小偷，或是看到他人恃强凌弱时，他绝不会放过别人。

一次在学校组织活动回来的途中，他看见很多人围在一起，听说有人被打了，是一个人被偷钱后抓住了小偷，小偷却叫了一班人马过来打这个人。于是，晓剑冲上前抓住小偷，其他人想上来帮忙，都没法靠近他。后来，有人拨打了110，小偷被抓住了。

如果每一个学生都能像晓剑一样，将自己的才能通过合适的方式展现出来，那么学校就少了很多暴力行为。晓剑原本学习成绩不好，但因为在武术方面有特殊的才能，最终成为学生的榜样，这激发了他学习的动力，又因为受到学生的尊重和欣赏，让他对自己有了更高的要求，所以，他努力提高自己的成绩。担任班长后，他能协调好同学之间的关系，热心帮助同学，因此获得了好的人际关系。尽管不少女生表达对他的爱慕，但他没有滥用感情，而是对爱情采取一种负责的态度，和女生之间只保持友谊关系。

每个技校学生都有不同的才能，但如何将自己的才能用到合适的地方，而不是利用自己的才能去伤害别人，晓剑给我们做了一个好的表率。

阅读链接

打架打出精神分裂症

打架打出精神分裂症？这是山东卫视"说事拉理"栏目中《被铁链锁住的青春》讲的故事。故事讲的是一个21岁叫刘亚新的小伙子，原本一直学业优秀的他，从农村转入县城读高一时，一次同学要他和另一个同学替人扫地，刘亚新没有答应。晚上，刘亚新就被同学打了，当时并没发现有严重的问题。

过完春节后，刘亚新经常抱着头说头痛，直到最后他再也不愿意去上学，而且也无法正常上学，他只好待在家中。家里断断续续给他进行了一些治疗，但因为没钱，也没有彻底治愈他的疾病，后来，他变得不说话，还经常往外跑，甚至伤人，为此家人一次又一次去找他。最终，父母无奈地用铁链将他锁在家中。

为了挣钱给他治病，十多岁的妹妹刘亚青只好辍学出去打工，可没想到打工没多久，刘亚青竟然和家里失去了联系。三年之后，再次等来消息时，等来的竟然是公安局传来的刘亚青被人杀了的噩耗。这无疑让多灾多难的家庭雪上加霜。当媒体报道了刘亚新的家庭情况后，济南神康医院精神科免费为刘亚新进行治疗，医生初步诊断刘亚新为精神分裂症。

经过一个多月的治疗，原本已经多年没有开口讲话的刘亚新能和人交流；当妈妈来看他时，他也能开口叫妈妈了。治疗的效果非常明显，刘亚新的妈妈也露出了久违的笑容。医院答应他们会继续为刘亚新提供免费治疗。

打架打出精神分裂症？这一定让很多人意外。而为了给哥哥刘亚新治病，妹妹刘亚青辍学打工，却被人意外杀死。这让一个家庭承受了多大的痛苦。我想，这样的警钟是否也应长鸣呢？青春期的孩子冲动叛逆，打架斗殴的现象时有发生，而且不考虑后果。可打人会打伤大脑，刺激人的神经，给人留下无法愈合的伤痛，甚至是无法挽回的损失，因此，打架打出精神分裂症就不足为怪了。刘亚新的案例再次提醒我们要教育学生：不要一时冲动，否则会把一个人和一个家庭都毁了！

在我咨询的案例中，曾经有一个精神分裂症患者。他的父母来反复强调他们的儿子在家一点问题都没有，怎么到学校一个星期就变成精神分裂症？怀疑是被同学打成精神分裂症。最后，通过事实证明，这个学生没有和任何人发生冲突，更没有发生打架等恶性事件，家长只好将孩子带回家治疗。事后，我们了解到这个学生的家庭有精神分裂症的遗传史。幸亏当初没有人和他打架或是打球发生冲撞，否则家长要求学校负责也很正常。因此，在这里，我特别要提醒学生，尤其是爱运动的学生。在剧烈的运动，如打篮球或踢足球时要注意：千万不要有意冲撞对方，否则你不在意的冲撞行为也可能将对方撞成脑震荡或精神分裂症患者。

如果年轻时他们没有那么冲动

2011 年 12 月 14 日，媒体报道了在全国热播的电视剧《潜伏》中扮演盛乡的吉思光，原是袭警抢枪潜逃 13 年的逃犯。我从多家电视台看到了对吉思光报道的视频。吉思光年轻时曾经学过声乐，有一定的表演天赋。后因为和一些他认为讲义气的哥们走到一起，多次参与抢劫犯罪。1998 年 12 月 6 日，他们抢劫刑警杨琳导致杨琳 8 级伤残。事后，其他两名抢劫犯被抓，而吉思光逃跑了。

此后，吉思光凭借学过声乐的功底，在深圳的夜总会当主持人、登台演唱，开始小有名气，也认识了不少人。2007年10月，他来到了浙江金华横店影视中心，当群众演员。2008年，吉思光参演了电视剧《潜伏》，因为这次演出，他的名气大增。但最终，他被人认出了，从而回到了他应该承担的角色——逃犯。之后，各大媒体争相报道了此事，他又一次成为"明星"。

与此有类似经历的还有一名叫吴刚的人。2011年8月17日"今日说法"栏目《相亲现形记》，说的是在2010年11月14日播出的黑龙江卫视《快乐大联盟》相亲节目中，2号男嘉宾刘浩，他的个人资料上显示他是沈阳人，是一名艺校老师。荧屏中，帅气的刘浩表现得温文尔雅，沟通环节中更能歌善舞，出尽风头，最终成功牵手女嘉宾……让吴刚想不到的是，节目播出后，电视机前的一名观众却发现了刘浩的真实姓名为吴刚，是一名13年前的杀人嫌疑犯。2011年6月9日，吴刚在沈阳市被民警抓获归案。

吴刚从小被抱养，养父母对他很好。中学毕业后，因为喜欢表演，他开始涉足演艺事业。1998年2月6日，吴刚和圈内朋友孙军等人一起吃饭。由于孙军和吴刚的朋友阿勇发生冲突，导致孙军和吴刚争吵。那年吴刚27岁，刚离婚不久，儿子5岁。吴刚说孙军在争吵中说了一些有辱他人格的话，因此，和孙军厮打在一起。"我那时年轻气盛，孙军扬言要找人打架，我便掏出一把随身携带的刀，一刀刺中孙军左前胸，孙军当场死亡。"此后，吴刚开始了他的逃亡生活。

一次偶然的机会，吴刚接触到杭州的演艺圈。2000年，他来到沈阳市开始做歌手，后又转变成主持人。13年后，因为参加相亲节目，他还是没有逃脱法律的制裁。在看守所里，吴刚说他想了很多，他一直后悔当年冲动杀人。他说，如果当年没有杀人，他一定会过得很好。

"人的一生里有些错事是可以改变的，但有一些错误是无法改变的，毁了别人，也毁了自己。"面对看守所的高墙，吴刚说，他希望生活在高墙外的人，特别是年轻人，珍惜生活，走好人生的每一步。

电视还报道了一个叫李辉的杀人嫌疑犯。李辉的父亲去世后，留下了一个小餐馆。李辉和母亲将这个餐馆卖给了常某，但常某因为经营不善，想把餐馆还给李辉，李辉不要，两人由此产生纠纷。李辉说常某因此经常打他。1998年9月11日，21岁的李辉在一家饭店吃饭，常某知道后，就带着人来找他的事，殴打李辉。盛怒之下，李辉闯进饭店厨房，冲动地拿了一把菜刀照常某胸前猛砍一刀，造成常某死亡，此后，李辉畏罪潜逃。李辉作案两个月后，他的母亲上吊身亡。

潜逃后的李辉和他的女友，一起做起了化妆品的生意，成为资产过千万的富翁。李辉的公司成立于2000年3月，他从做十几元的化妆品批发生意开始，从小到大，逐步发展成目前拥有资产上千万元，职工200多名，集产品研发、生产、销售和人员培训于一体的综合性化妆品企业。出于悔罪心理，李辉的企业发展起来后，他常常做些慈善事业。如捐资援建希望小学等。但潜逃13年后，李辉还是被捉拿归案。

这些案例，无疑都是年轻气盛太冲动，不把别人的生命当一回事，由于轻率而将对方致死。假如他们没有那么冲动，没有犯罪，那么，凭借他们的能力，他们的人生会不一样。吉思光说，他本来还可以有更多、更好的角色可以演，但因为没有身份证，他不能乘坐火车或飞机，所以，他只能在浙江金华横店影视中心当演员，这也限制了他演艺事业的发展。吴刚，因为没有身份证，怕无法给别人真正的幸福，所以，虽然也有女性对他有感情，但他不敢结婚，39岁了还是一个人生活，因为他怕不小心暴露了自己杀人犯的身份。李辉，虽然资产超过千万，但他为人低调，不敢出现在公众场合，虽然希望通过做慈善事业弥补自己的过失，但最终难逃法律的制裁。

人生没有"如果"，人生没有悔不当初，人生没有回头路。年轻时，我们总是无所畏惧、无所顾忌，于是因为冲动和缺乏理智，我们也许不是出于本意但却剥夺了他人的生命，那么，我们也将因此付出沉重的代价，这就是冲动对我们的惩罚！

吉思光、吴刚、李辉，一个又一个在年轻时成为杀人犯的故事，能否警醒现在依然那么冲动的年轻人呢？人生关键的时刻只有几步，我们不要因此毁了自己的一生呀！希望这样的警钟能长鸣……

远离校园暴力

打架斗殴，是最常见的校园暴力行为。有些打架斗殴行为是单个人之间进行的，更多的打架斗殴行为则是在多人之间进行，即打群架。比如，帮老乡打架。有些打架行为有一定的预谋性，如故意设圈套、找茬儿报复人等，但更多的打架行为带有情境性、冲动性、盲目性、模仿性、纠合性等特点。

打架斗殴行为的动机，最常见的有两种：一是显示自己的体力和勇敢，在别人面前用暴力行为表现自己的价值；二是为了"哥们义气"。许多青少年信奉"为朋友两肋插刀"，只要朋友一喊，就毫不迟疑，不顾社会公德和别人的生命安全，甚至不惜使用刀等凶器，很少考虑打架斗殴造成的严重后果。

技校学生发生打架斗殴事件的原因，与技校学生正处于生长发育的时期，思维带有片面性和表面性，情绪不稳定，容易偏激和固执，遇事冲动，缺乏自制力等有关。但面对校园暴力，我们要采取适当的调适方法，否则会给家庭和社会带来无法弥补的伤害。

一、针对校园暴力产生原因采取的调适方法

（一）技校学生空余时间多，精力旺盛

研究认为，学生之所以发生打架斗殴行为，是因为空余时间过多、精力过于旺盛造成的。技校学生正处在身体急剧成长的时期，体力充沛，精力旺盛，总想找点事情干，以发泄过于旺盛的精力。另外，许多技校学生空闲时间太多，旺盛的精力不能及时发泄，而是不断聚积，导致在情绪冲动时，用破坏性的行为发泄其旺盛的精力。

调适方法：多参加丰富多彩的文体活动，培养广泛的兴趣爱好，用积极有益的活动占用时间和消耗体力、精力，从而保持一种平衡状态，以减少打架斗殴行为；不要组织或参加老乡会，不要因为帮助老乡而不顾社会公德。

（二）调整错误认知

在技校学生中，有一种有害的观念，即把暴力行为看成男子汉气概的表现，认为为朋友两肋插刀是讲义气的行为。持这种观念的学生认为，寻衅滋事、伤害破坏是男子汉的作为。他们喜欢用暴力行为去证实自己的男子汉气概。

调适方法：我们应当改变这种广泛存在且根深蒂固的有害观念，改变对学生特别是对男学生的打架行为持宽容甚至赞成态度的传统，树立新的男子汉标准和形象。真正的男子汉和讲义气应该是不做违法乱纪的事，不做伤害别人的事，只做伸张正义、为民除害、善待身边每一个人的好事；更不能借助自己人多势众，欺凌弱小、为所欲为，做违法乱纪的事。

（三）自卑心理

一些学生，学习成绩不好，又没什么专长，不受老师和同学的注意，没有成就感，于是想通过打架证实自己的能力，让同学崇拜自己，觉得自己是英雄，从而克服自卑心理。

调适方法：用好的技能和特长证明自己，比如发挥自己在运动和动手操作等方面的能力，在比赛场上表现自己。如像晓剑武术很好，所以在学校运动会及文艺演出时表现自己的武术，从而赢得了学生的尊重。

（四）从众心理

一些学生比较老实，也不想打架，但由于碍于情面，怕其他老乡或同学嘲笑自己，只好随大流，很不情愿地参与打架，这是从众心理在作怪。

调适方法：不要盲目跟从，要坚持自己的原则和态度，不利于同学团结甚至伤害他人的事不要做。

（五）个别老生存在欺负新生的现象

一些老生，自以为对学校环境较了解，可以在学校做大姐大或大哥大，因此做出欺负新生的事。这既是摆老资格的表现，也是人格不成熟的表现，更是对别人不尊重的行为。

调适方法：本着尊老爱幼的原则，我们要对师弟师妹多一份关心，平等对待他们。毕业后，因为我们是校友甚至专业相同，可能会成为同事或上下级关系。同学或校友是我们工作后人脉关系中较为重要的关系，所以，我们现在就应该打好基础，友好往来。

（六）纠集社会青年报复同学

个别学生，在学校和同学发生了矛盾，于是叫社会青年来学校闹事，报复同学。一些女生会叫男友为自己出气，而男友是社会青年。

调试方法：同学之间难免有冲突，但如果纠集社会青年来学校闹事或打架，是违反治安管理条例的行为，一旦造成恶劣的后果，必将受到法律的严惩。学校也会对这样的学生进行严厉的处分甚至开除。所以，校内同学之间有冲突，最好通过学校领导或老师进行调解，不能和社会不良青年纠集在一起。

二、根据校园暴力的后果采取的调适方法

因为打架可能会造成重伤或死亡，所以要考虑后果的严重性，从而远离校园暴力。某技校学生毕业后打架，双腿被砍断。当毕业5年后同学聚会时，他挂着拐杖出现在同学面前，同学们都惊呆了。因为这个学生原本身高一米七六，非常帅气，在学校时担任体育委员，可现在却成了一个挂着拐杖的残疾人。另一个技校学生打架被挖了一只眼睛，成为独眼龙。某技校学生和社会青年打群架后，一天走出校门，被社会青年用刀砍伤，最后造成一死一伤的悲剧；某技校学生在网吧被打，回到学校睡觉，早晨被发现死在

宿舍。

　　某技校生因为在哥哥开的网吧和人打架，这个技校生因为接受过特种兵的训练，一拳打去把对方打得撞到桌角上，导致对方死亡。他有两个哥哥，因为三兄弟都参与了这件事，最后，两个哥哥被判无期徒刑，他被判7年。一家三兄弟全被他这一拳毁了，一个家庭也顷刻间被毁了。类似的恶性事件，给学生敲响了警钟，所以，学生一定要考虑打架后果的严重性，从而克服自己的冲动性和盲目性。

三、恰当认识社会，改变不良认知

　　学生的打架斗殴行为，与对社会现象的不恰当认识有关。当学生认识到社会中存在一些不公平、不合理的现象时，就会产生愤怒、挫折、不公平等消极情绪。这些情绪的不断积累，容易引起心理紧张和焦虑，最终导致学生的暴力行为。

　　目前我国社会发生深刻变化的条件下，人生观、价值观等很容易发生动摇，但是，新的、符合社会情况的人生观、价值观很难在短时间内形成，这使得学生处于一种缺乏标准、不知所措的混乱、困惑状态。这些状态容易引起学生的烦躁情绪和无所适从感，从而使他们容易用暴力行为消极适应社会。因此，我们要恰当认识社会的复杂性，合理评价社会剧变时期产生的社会病态现象，减少产生认知偏差和消极情绪的可能性，防止校园暴力行为。

四、正确处理校园暴力的办法

　　（一）自我调节

　　第一，当已经与人发生了冲突后，要学会克制自己，试着进行换位思考。也许对方是因为刚和他人吵架了心情不好，才言语出格、行为冲动，所以，不要和他过于计较。

　　第二，用言语暗示自己，如"怒伤肝"、"生气会血压升高"，让自己不要生气，同时试着做深呼吸，告诫自己不要讲话，要冷静。

　　第三，如果对方动手了，自己要理智，不要立即以牙还牙，让事态恶性发展；而要及时将此事告诉班主任或学校相关部门，相信学校和老师能妥善处理好此事。

　　第四，在学校或老师的规劝或调解下，握手言和，彼此谅解。因为没有永远的敌人，有一天我们也许会成为朋友。

　　（二）他人干预

　　第一，当察觉暴力倾向的苗头时，周围的人要设法通过劝说平息当事人的激动愤怒情绪，改变当事人的认知，使其放弃想实施的暴力行为，争取将暴力行为制止在萌芽状态。

第二，当暴力行为即将实施时，周围的人要设法制止并立即打电话告诉学生科、保卫科、宿舍管理员、班主任等相关部门或人员，以便尽快阻止事态的发生，终止暴力行为。

第三，暴力行为正在实施或已实施时，周围的人要设法尽快阻止事态扩大，并尽快打电话告诉相关部门及校医、120，尽快将受伤者送往医院。

五、学会调节情绪的方法

心理学家的研究表明，暴力行为或攻击行为与消极情绪，特别是与愤怒有关。暴力或攻击行为往往伴随着消极情绪；愤怒等消极情绪是暴力与攻击行为产生的重要因素。所以，学会调节消极情绪，对防止暴力行为有重要的意义。

1. 努力平心静气

当产生愤怒等消极情绪，或者这些消极情绪有可能膨胀、暴发时，可用以下3种方法使自己平心静气：①降低说话声音；②放慢讲话速度；③胸部向前挺直，即努力使自己采取胸部挺直、头部后移的姿态，这样就会淡化冲动紧张的气氛，抑制消极情绪的爆发。

2. 学会闭口聆听

消极情绪增强和恶化的另一种因素，就是个人说得太多，挑衅性的举动太多，听得太少，没有时间进行理智的思考。因此，要控制消极情绪，必须要努力使自己在与人发生矛盾时，尽可能多地闭口聆听，争取多思考对方的言行是否有合理的一面。

美国政治学家、历史学家帕金森和管理学家拉斯托姆吉，在合著的《知人善任》一书中谈到闭口聆听的重要性，他们说："如果发生了争吵，切记，免开尊口。先听别人的，让别人把话说完。要尽量做到虚心诚恳，通情达理。靠争吵很难赢得人心，立竿见影的办法是彼此交心，这在吵架中绝对得不到。"

3. 设法转移注意

在与别人发生冲突时，尽量转移自己的注意力，努力克制自己不去注意别人的言语和表情，不与别人"交火"，不试图挖空心思地反击别人，而是努力让自己从事自己的事情，避免大脑皮层产生强烈的兴奋，防止出现情绪激动和冲动性行为。

4. 交换角色

愤怒与消极情绪的产生，往往是由于不理解对方的情况，甚至对别人发生误解造成的，因此，在发生矛盾冲突时，在心理上与对方交换角色，想想如果自己处在对方的位置，会有什么言行，体会对方的心理，也能达到增进了解、化解冲突的效果。

六、学会宣泄愤怒等消极情绪

当愤怒等消极情绪积累到一定程度时，仅仅靠自我控制、压抑等方法是不够的，而必须适当宣泄消极情绪，用恰当的方式将愤怒等消极情绪表达出来。否则，过度的压抑会导致爆发性的情绪发作行为，造成极其严重的危害后果。

1. 就事论事

有多大的事（或有多大的不合理性）就发多大的脾气。如果这样，那么，表达愤怒不完全是非理性的，而是对事情有一个冷静的、客观恰当的评价后作出的。如果一个人发脾气恰到好处，往往会激起旁观者的同情和支持。

2. 既要理直气壮，又要讲究方法

认识到事物的不合理性和发脾气的必要性，则理直气壮；但对不同的人，在不同的场合，语言、语气、态度要有所不同，这需要在实践中慢慢摸索学习。

3. 要顺其自然，即席表现

正常的发怒应该顺其自然，水到渠成，不能在事情过去以后再找人发泄，或没事找事，无事生非而发怒。

七、增强遵纪守法的自觉性

学校可以通过进行法纪教育、严惩学生打架行为和改变学生中不恰当的观念等多种方式对学生进行教育，使他们认识到暴力行为的危害性和不可取性，增强他们遵纪守法的自觉性。

对学生进行法纪教育，让他们认识到打架斗殴是违反有关法律和纪律的行为；而对这样的行为进行严惩，让他们明白打架最终会导致惩罚的严重后果，因而会由于惧怕惩罚而克制自己冲动的行为，抑制打架事件的发生。

八、解决人际冲突的最佳方法——宽容

打架通常都是因为一些小事引发的，往往是因为学生当时忍不下一口气，冲动之下发生的行为。如有两个十九岁的青年因此小事发生了口角，于是，两人相约要打架一比高低。结果，两人到一个空地上比试。最后男生 A 拿起砖头朝男生 B 砸去，男生 B 拿起棍子打对方的头。打过后，男生 A 向男生 B 伸手，夸他手软，否则自己当场就没命了，于是双方握手言和。谁知，第二天早上，男生 A 因为头痛被送到医院抢救无效死亡。男生 B 因此被判刑入狱。因为冲动，最终断送了他们两个人的命运。所以，对于人际间的冲突和矛盾，要通过沟通达到对对方的谅解，最终宽容对方、尊重对方。

电视报道，有一个女大学生，因为父亲不顾家，经常打麻将，继母和父

亲闹矛盾后，继母将愤怒投向了这个七岁的女孩，将她的双手砍断。于是，继母被关进了监狱，女孩回到生母身边。在生母的教育下，女孩学会了自立，最终考上了大学。社会也一直关注这个女孩，给她送去了奖金。而这时，她得知因为继母在监狱，继母的儿子被迫辍学，于是，她把自己的奖金送给了这个弟弟，并帮助他继续求学。她以德报怨的行为，感动了我们。

因此，解决人际冲突，我们要通过沟通，换位思考等方法，最终达到理解对方和宽容对方的目的。因为，宽容才能撑起一片和谐的天空。如果在发生矛盾时，多想想身边这些感人的事迹，我们就不会过于斤斤计较个人的得失，也就不会轻易发生打架事件，从而远离校园暴力，让我们生活的环境更加和谐和美丽！

九、进行心理咨询

当愤怒让自己不理智甚至冲动时，可以进行心理咨询，通过心理咨询师的帮助，缓解愤怒的情绪，最终化解心中的怨恨，解决矛盾和冲突。当遇到自己非常愤怒又无法控制情绪的事时，也可以通过和心理老师的沟通，化解心头的怨恨，最终处理好自己的情绪，改变处理矛盾的方法，而不要冲动地以打架等不当方式处理矛盾和纠纷。

第六章

天生我材必有用

三个男生一起来到咨询室，他们觉得自己一无是处，是个没用的人。

一个学生拉开衣服给我看。"老师，你看这是我和人打架留下的伤口。我的父母、老师因为我的学习成绩不好，从小就经常批评和责备我。我的爸妈还经常打骂我。现在我读技校，他们说我上不了大学，生了我这样一个儿子真没用。我也感到自己一无是处，心情很不好，非常冲动，遇事就和别人吵架。有时，我也想用功学习，但基础不好，学不进去。"

另一个学生说："我成绩不好父母总骂我。为了讨好他们，我承担了全部的家务，可父母只喜欢成绩好的弟弟，说弟弟是他们的希望。我也很讨厌自己，觉得自己很失败。我很羡慕弟弟，他会读书，不用做家务，还常常被父母表扬和夸奖。爸妈一回到家，我就给他们递拖鞋、倒茶水，可他们还是不喜欢我。说养了我连书都不会读，将来肯定没用，以后只能指望弟弟给他们养老了。我听了心里很难过。"

"我更倒霉了。我有一个姐姐，她成绩很好，考上了重点大学。为了支持姐姐上大学，全家人把她当宝一样。爸妈总拿我和她比，他们说我读技校没本事，姐姐上大学才是他们的骄傲。我体育很好，人际关系也很好，很能吃苦，家里的农活、重活都我做，可我再勤快，他们也不喜欢我，看我不顺眼。尤其是开家长会，他们说我的成绩这么差，不必去开家长会。我的爸妈都是打工的，他们收入不高，但要供我们读书确实不容易。姐姐学习好他们说再苦再累也值得，但我成绩差，供我读书就是浪费他们的钱。我活得好累呀。"第三个学生向我诉苦道。

技校学生一无是处吗？

心结六

很多技校学生的父母以学习成绩作为评判孩子成功的唯一标准，导致技校学生总被父母和老师批评、责备。因此，他们看不到自己的优点，总认为自己一无是处。

当今社会，人们越来越崇尚多元化成功的观念，相信每个人具有不同的智能结构。技校学生多数家庭经济条件不好，学习环境不理想，学习基础较差，但这并不代表他们一无是处，他们身上也有很多闪光点，他们也能做最好的自己。

如心灵成长故事中会武功的晓剑、为白血病好友募捐的曾翠霞、技校毕业后抚养弟妹并帮助他们完成学业的夏雨等一个又一个优秀的技校生，他们每个人都有不同的优点和长处。他们有的武功厉害，有的特别有爱心，有的责任心很强。他们发挥自身的优势，他们在帮助别人的同时也成就了自己！

因此，技校学生要相信：天生我材必有用！技校学生一样有很多闪光点，很多优势，只是我们的优势区域和大学生不一样，我们并不是一无是处！

心灵成长故事与分析十四

 为白血病好友募捐的女生

从报纸和网上得知了曾翠霞的消息，因为多家媒体报道她为白血病好友募捐的事迹，学校也因此掀起了向曾翠霞学习的热潮。

"我面对的是一条生命，我敢这样说，如果当时我撒手，可能现在就见不到她了。"曾翠霞，一个很普通的梅州女孩，清秀的她从 2005 年开始，肩上就背负着患白血病朋友生存下去的希望。为筹医疗费，她四处借债，为此欠下 3 万多元的债务。后来，她为了能全力帮朋友筹手术费，毅然辞掉工作。

据曾翠霞回忆，她和陈丽婷相识是在 2003 年，当时刚刚考入广东工业大学大专部的曾翠霞来到了该校位于广东省国防技工学校的分教点，在参加社团活动中，她认识了就读于广东省国防技工学校中专部的陈丽婷。由于两人类似的成长背景及陈丽婷对朋友的热情，当时读大专一年级的曾翠霞和念中专二年级的陈丽婷成了好朋友。

2005 年 5 月，准备考华师大专的陈丽婷，在参加完歌唱比赛后，突然发起高烧。当时曾翠霞以为是普通感冒，给陈丽婷吃了退烧药。第二天早上丽婷退烧了，可是一到夜晚又开始烧起来。到了第三天，曾翠霞觉得不对劲，就带其去南方医院检查。结果曾翠霞就成了第一个知道陈丽婷得白血病的人。

此后，曾翠霞通知了陈丽婷的母亲，家人尽全力筹款，但还是不够满足陈丽婷的治疗费。最终，曾翠霞到处借钱并通过各种途径为陈丽婷的骨髓移植手术筹款。（以上消息来源：南方都市报 2006-11-01 林菁）

看到相关的报道后，学校领导问我还记得曾翠霞吗？当然记得，2002 年，我作为广东省第八届技工学校计算机、英语、普通话综合技能竞赛的辅导老师，辅导的学生曾翠霞和刘云峰获得了韶关市团体第一名、广东省个人第二名、第四名，团体第五名的好成绩。这是当年我校参加比赛的最好成绩。

技校毕业后，我没有过多地关注曾翠霞的消息，只知道她去读大学了。《羊城晚报》等多家媒体报道了曾翠霞的优秀事迹，即她为白血病的好友募捐，感动了很多人。要知道，那时曾翠霞还是个技校毕业后又读广东工业大学的学生。她能在大庭广众下为好友演讲募捐，这需要多大的勇气和多大的爱心。

【分析】

曾翠霞的感人事迹，和她在学校的表现分不开。她一直就是一个充满爱心的人，而她的演讲才能也给了她信心。我们看到，正是因为她的爱心，也因为她演讲的水平吸引了人们对她募捐事件的关注，从而为好友募捐了很多的治疗费。所以，不要小看你在学校的小小机会，她会带给你不同的人生，也能在特别的时刻给你力量和信心，让你成为一个对社会和他人有帮助的人！

2006 年 10 月 21 日，曾翠霞能在人民公园前，开展为好友陈丽婷筹款

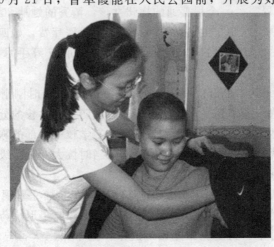

的义演活动，这和她的能力有关。如果不是因为曾翠霞有好的演讲才能，和在学校培养的组织能力，那么她不一定敢在大庭广众之下进行演讲。而据参加活动的同学介绍，从 2005 年陈丽婷得病开始，曾翠霞就一直不离不弃地照顾她。这也与曾翠霞的爱心有关。

曾翠霞作为一名技校学生被《南方都市报》等多家媒体报道，成为感动我们的人！所以，作为技校学生，只要你能积极面对生活，努力成就自己，那么你一样可以成为对社会有用的人！曾翠霞只是一个普通的技校学生，但她用自己的大爱感动了我们。当她凭借自己的演讲才能为一个白血病好友募捐时，她的心中充满了爱！

每个人都有不同的才能，技校学生也一样！也许我们学习成绩不如大学生，但我们的演讲能力、绘画能力、摄影能力、唱歌能力、跳舞能力、做饭菜能力及做家务能力很强。每个人都有不同的强项和弱项，只要我们将自己的强项潜能挖掘出来，那么我们就一样可以向世人证明：我们也可以创造精彩的人生！我们也能被载入史册！

心灵成长故事与分析十五

支撑全家的女生

夏雨是一个非常漂亮的女生，体育成绩很好，原本想考体育学院，但最终没有如愿。在 20 世纪 80 年代，高考前还有一个预考。通过预考进行分流，分流的高中生只能参加中专和技校的考试，于是，夏雨被分流了，最后考取了一所技校。

夏雨没能如愿参加高考，这不能怪她。夏雨学习非常用功，但由于从小在农村生活，教学条件不好。虽然夏雨是村里学习最棒的学生，但考进省重点中学后，她的学习成绩无法和城里的同学竞争。

由于体育很好，爸爸希望她考体育学院，因为考体育文化分要求没那么高。夏雨很能吃苦，体育成绩是学校最好的，每次比赛都是第一名，但由于文化分不够，她没能参加高考。

可夏雨并没有因此消极。技校毕业后，她被分配到一家工厂。聪明又漂亮的她，在工厂有众多的追求者，可特殊的经历让夏雨比一般同龄女孩成熟。夏雨的父亲在文化大革命时期被打成右派，被下放到农村，所以才与在农村没有文化的母亲结婚。婚后虽然生育了6个孩子，但两人依然无法建立真正的感情，父母最终还是离婚了。

父亲再婚后，和继母生活在一起的日子，夏雨感觉多了一份苦难。不仅因为兄弟姊妹多，家庭经济困难，最主要的是继母对他们几个的责骂经常伴随着他们。工作后，当再一次面临继母对弟弟、妹妹的辱骂后，夏雨愤怒地反驳继母。

这激怒了继母。继母声嘶力竭地喊道："好，你工作了，有出息了。你有本事就带着他们离开家，我再也不要看见你们。"要强的夏雨不堪忍受继母对弟弟、妹妹的责骂，她气愤地对继母说："你放心，我现在就带他们离开这里。这个家我们不会回来了。"于是，她让5个弟弟、妹妹收拾了简单的衣物，离开了这个家。她把弟弟、妹妹带到她的宿舍，然后开始租房子。

她说，如果无法接纳自己的弟弟、妹妹，她不会和对方结婚。后来，她和一个憨厚的大学生结婚了。丈夫把夏雨的5个弟弟、妹妹当成了自己的弟弟、妹妹，他们一起抚养这5个弟弟、妹妹。夏雨要求他们一定要好好读书，她会供他们上大学的。

后来，夏雨所在的工厂倒闭了，要给人承包，夏雨和丈夫决定把工厂承包起来。夏雨做厂长，负责跑业务，联系单子；机械专业毕业的丈夫做副厂长，负责厂子技术和人员调配。聪明又能吃苦的夏雨，终于找到了施展才能的机会。她的厂子逐渐有了发展，她也有能力把弟弟、妹妹都安排好了。

夏雨在市里买了一套200多平方米的商品房。弟弟、妹妹终于可以住进姐姐的新房，姐夫依然是他们的后勤部长。他们学习也非常努力，5个人陆续考上了理想的大学，直至参加工作、成家。夏雨看着5个弟弟、妹妹都有了自己的工作和新家，终于可以笑了。

【分析】

我和夏雨很早就认识，可我不知道夏雨的父母在她小学时就离婚了。直到毕业工作后，我才了解了夏雨的故事，非常佩服和欣赏她，也非常感动。她告诉我，如今她的5个弟弟、妹妹都结婚了，而且大学毕业后，他们被分配到全国不同的城市。她说，弟弟、妹妹读大学、找工作、结婚，她都操了不少心，现在总算放心了。过去条件不好，她一直没法帮助父母，现在经济好了，能改善父母的生活条件，她也很欣慰。她说，虽然父母离婚了，但她没有抱怨过父亲，她理解父亲。

夏雨说，她非常爱自己的父亲。

如果父亲不是"右派"，怎么会下放到农村，又怎么会和在农村没读过一天书的母亲结婚。母亲是老实巴交的农民，可父亲是一个文人，琴棋书画样样行，和母亲在一起没有共同语言。她理解父亲对追求幸福生活的渴望。继母是一个漂亮女人，她也爱父亲，但在这么复杂的家庭，继母还带来了和前夫的一个女儿，又和父亲生育了一个孩子。她无法承受这么多孩子，生活的苦让她只好把不满发泄在几个不是自己亲生的孩子身上。父亲和她结婚，是浪漫的文人爱上了年轻的美女，可过日子就太难了。所以，

她虽然曾经恨继母对他们的刻薄和虐待，但她也能理解继母的苦衷，因为继母也是普通女人。

夏雨说，好在她最值得骄傲的是父亲教会了她太多东西。当所有的孩子只知道读书时，她对爱情、婚姻、家庭都有自己的主见，所以，她才会选择一个好丈夫，也因为这个丈夫，让她这个原本普通的女人能实现了自己的理想，能把弟妹抚养成人。

我想，夏雨让我感动的不仅是她工作后独自把 5 个弟弟、妹妹带到身边，依靠一个女人单薄的力量支撑了一个大家庭，更主要的是她的心理特别健康。虽然她对继母和父亲都有不满，但她依然理解他们、宽容他们。人生有很多困难和挫折，但人生没有恨是一件多么不容易的事！

夏雨说，当她决心要将 5 个弟弟、妹妹带到身边自己养育时，她内心坚定地告诉自己：我一定要将他们送去读大学！最终她也实现了自己的诺言。

我的儿子要读技校

王霞是大学教授，丈夫是知名医生。她过去一直希望唯一的儿子能像他们一样考上名牌大学，光宗耀祖。可没想到，上高三的儿子告诉她，说："妈妈，我很讨厌应试教育。我们班的一些学生很用功，他们走路都在背单词。可我不喜欢死记硬背，所以，我实在学不好。妈妈，我已经决定了，高中毕业后读技校。我的水平也只能读技校。"

听了儿子的话，王霞早有准备。儿子在小学学习还不错考上了重点中学，可从初中开始儿子就对学习不感兴趣。他非常厌倦那些记忆的知识，因此，成绩一直在班里是垫底的。好不容易考上了一所普通高中，但儿子对上课的教材不感兴趣，成绩也上不去，很多功课不及格。但除了考试成绩不好，儿子其他方面还真不错。

王霞说，儿子体育样样都行，篮球、足球、羽毛球他都擅长，游泳也是健将。阅读方面，儿子知识面很广，喜欢看文学、历史、地理、人物传记、考古、电脑等书。在学校阅览室，儿子总是最后一个离开的人，因此阅览室的每个工作人员都认识他，甚至语文老师都曾问他，是否将来想成为一名作家。人际关系方面他也非常不错，和班里的同学关系很好，也不想谈恋爱，觉得自己要做的事很多，没时间谈恋爱。他在同学中的威信很高，同学有问题都喜欢向他请教。

在家里，儿子非常勤劳，什么家务都做，对父母和爷爷、奶奶都非常孝顺。家里每个人的生日还有母亲节、父亲节等，一定都能收到他精心准备的礼物。对身边的每个人都很关心也很有礼貌。说实在的，儿子除了学习不好，其他方面真是非常优秀。而且，儿子很能吃苦，也很守信用。一次，儿子的自行车被偷后，王霞不想给儿子再买自行车了，可爷爷、奶奶心疼孙子，就给了他500元又买了辆新的单车。王霞坚持要儿子放暑假打工挣钱还给爷爷他们。于是，在暑假，儿子找了一份大排档的工作，每天从下午4点工作到第二天早上6点。他们都以为儿子无法坚持下来，干几天就不做了，可儿子坚持做了40天，挣了800元，还了爷爷他们500元。这让王霞很感动。

所以，王霞说，她很迷惑，不知到底该怎样对待儿子。他那么懂事听话，如果自己不舒服或生病，儿子真是体贴入微，照顾得非常周到，因此，觉得连责备他都不忍心。何况他那么有主见，语言表达能力又强，对自己要做的事很明确。无奈之下，王霞只好向母亲请教。

母亲告诉王霞，顺其自然吧。王霞有三个兄妹。她是老大，研究生毕业，在大学过着安稳的日子。妹妹、妹夫都是博士，毕业后都在外资企业工作，工资比较高，但工作很辛苦，而且压力也挺大。弟弟技校毕业，自己办厂当厂长，还和朋友一起建了很多娱乐城，非常富有。所以，妈妈告诉王霞，"你们读的书多，可工作辛苦，收入也不高。可你弟弟，虽然技校毕业，但他在社会上打拼，有一定的经验，干得比你们都好，很有出息。所以，不要硬逼你儿子一定要上大学。他如果想上技校，就让他上技校。他又不是没主见、缺心眼的孩子，也不一定将来就不好。"

听了妈妈的话，王霞觉得也有道理。因此，她很高兴地对我说："我也想通了。他想读技校，就读技校吧。他又不是不懂事的孩子，也许应试教育真不适合他。将来在社会上发展，还是靠他自己。工作以后，也许他想明白了，又回过头上大学呢，比别人多走一点弯路吧。所以，我也不强求他，还是尊重他的意见吧。"

每个人的天赋不一样，成长的轨迹也不同，不是每个人都一定要上大

学，技校学生也一样能有出息。关键还是靠自己！作为技校学生，只要我们善于发现自己的长处，利用和发挥好自己的长处，这样才有利于我们的成长！路是我们自己走的，因此，善于发掘、利用我们的优势，那么，就能找出适合我们成才的路！

认同技术工人角色

长期以来，我国高等教育用一种以学科为本的模式培养人才，这就造成了人们的思维模式重理论、轻实践，对技工教育比较歧视。在一些人眼里，认为技工教育是一种低层次、低水平的教育。尤其是技校学生往往是学习不好或家庭经济困难的学生，他们选择技校很多是无奈的。因此，一些技校学生总认为自己低人一等，心理常处于一种失落与压抑状态，产生严重的自卑心理。甚至一些学生在他人面前不愿承认自己是技校学生，逃避现实，对学校、对自己缺乏信心，学习动力不足，进取意识薄弱，得过且过的心态普遍存在。

由于受社会上一些人对技校持有片面看法的影响，导致技校学生认为读技校没有前途，对未来没有信心；他们无心学习，只想混个毕业证，早点出去找份工作就行。他们在内心无法认同自己的职业和技术个人的角色，又不想通过努力改变自己的现状，这使得他们容易形成自卑的心理，同时影响他们对未来的追求。因此，如何克服自卑心理，接纳和认同技术工人的角色，就成为技校学生适应和转变的当务之急。

一、接纳自我是技校学生重新塑造自我的前提

自我评价是个体对自身认识程度的反映，因此，技校学生首先要分析自己的优势所在，对自己的能力、性格、优缺点做客观的分析，做到有自知之明。其次，技校学生要客观地看待自己，积极地接纳自我。一个人只有做到了自我接纳，才能为他人所接纳。揪住自己的缺点不放的人是不明智的。接纳自我就是要平静而理智地对待自己的长短优劣、得失成败，要以乐观开朗、发展的眼光看待自己。对待自我正确健康的态度是：心平气和地接受我们不可改变的东西，十分努力地改变我们可以改变的东西。

二、客观看待自己，合理选择比较对象

以一好代百好的思想和观念是片面的。在李开复《做最好的自己》的书里，提出了多元化成功的观念。按照多元化成功的观念，衡量学生成功标准不是唯一的。学习好、动手能力强、能歌善舞，爱好运动，擅长演讲都是一种能力的表现，因为成功的标准是多元化的，人的能力也有多种表现。不能因为学习成绩不好就否定了技校学生还有其他的能力，有成功的机会。

不少技校学生不能正确认识自己，对自己评价太低、瞧不起自己。因此，技校学生既要与比自己优秀的人和与自己同样优秀的人比，也要与比自己稍差的人比，不能一味地与比自己强的人比或拿自己的弱点与别人的优点比。

技校学生应该强调操作技能。我们不要在理论知识的学习方面和大学生比，不要用自己的弱项与大学生比。我们要看到自己的强项，根据自己的实际能力，制定切实可行的发展目标，允许自己存在不足，适当降低对自己的要求，就能对自己选择读技校产生接纳的态度。

127

三、技校学生找工作比较容易

技校学生"下得去，留得住，用得上"，因此，深受基层和生产第一线的欢迎。目前大学扩招，使得一些大学生找工作困难。有些大学生毕业后因为无法就业，又回到技校学习。而技校学生的就业率在96%以上，尤其是一些小企业和小公司，非常欢迎技校学生。因为技校学生适应环境的能力较强，对自己的定位比较客观，这是大学生不能与之相比的。

我的一些朋友在深圳和珠海开公司，多次提出希望我能帮他们招一些技校毕业生。可我向多所技校询问，结果，技校毕业生早早都被用人单位要了。尤其现在"用工荒"的情况说明，技校学生的就业前景非常好。而且，只要你有技术，收入就不错。这也是目前技校学生越来越受到重视的原因。我的一个朋友在珠海承包了一个游艇加工工厂，当时他急需工人。他招的工人中最高收入的月薪为14000元，多数技术工人的月薪在10000元以上。他招的工人中有一些是大学生，但这些大学生动手能力较差，教了很久还不会，反而技校学生上手很快，技术掌握得较好，所以，他带的技校生工资涨幅比大学生还快。

四、社会呼唤高技能人才

目前，我国技术技能劳动者有7000万人，其中，初级技工占60%，中级技工占36%，高级以上技工，包括技师、高级技师仅占4%。与劳动力市场需求相比，缺口很大，供给不足。仅数控加工操作工全国就缺60万人。因此，我们看到技术工人也是社会需要的人才。我们要客观地认识自己，发挥我们操作技能的优势，给自己合理地定位。我们现在是中级技工或高级技工，将来成为技师或高级技师，同样有好的前途和未来。因此，只要技校学生静下心来，用心学习，掌握一技之长，将来就不愁找不到好工作。只要自己真正有技术、有能力，就能成为社会需要的有用人才！

五、认同技术工人角色

中央电视台第十频道曾介绍一个 26 岁的男青年，因为高考成绩不理想，然后向家里人提出出国留学。于是家人将房子卖了，凑齐了几十万元送他到德国留学。谁知他到了国外，没有用心学习，而是和朋友游山玩水，把钱差不多用完了，又因没有通过语言考试，只好回国。因为没脸见亲人和朋友，他把自己关在家中，不见任何人。一年后，他在餐馆找了个洗盘子的工作。后来想起在德国学习时，技术工人很受欢迎，于是，26 岁的他下决心到技校学习。因为懂得只要有技术，一样有出息，所以他学得很用功，在全国技能比赛中取得了好成绩。

一个学生初中毕业后就工作了，由于受到领导的重用，单位送他到技校进修。他已经 27 岁了，但学习非常用功，毕业后再次受到重用，很快被提拔为中层领导。有些学生已经大学毕业，因为找不到合适的工作，于是又决定读技校，拿到等级证再找工作。这些学生，正是因为他们认同技术工人的角色，所以，对自己的未来充满信心。

因此，只要你认同技术工人角色，努力学好一门技术，就一定有机会实现自己的人生目标。否则，你看不起自己，认为读技校没出息，那又怎能指望别人看得起你呢？人若希望别人尊重自己，首先要自己尊重自己。职业选择也一样，只要你相信技术工人也能创造成就，你的未来也将充满希望！

第六章

天生我材必有用

129

第七章

我的未来不是梦

两个男生一起来到咨询室。他们说要毕业了，很焦虑，也很困惑。一个学生说，他的父亲希望他读完高级工班再出去工作，但现在他对读书没兴趣，很想早点工作，在学校一刻也待不下去。但父亲说，高级工毕业后找工作更好一点，所以他不知怎样决定。

另一个学生是高级工班的。他说很担心就业不好，又担心面试不上。现在他们等级证等都考完了，同学们都不想学了。上课很吵闹，老师也上不了课。每个人都很烦躁，一方面，他们很后悔在学校没学到知识，担心面试不上；另一方面，他们又静不下心听课，学不进，整天就担心将来工作不好，收入不高，干活辛苦。在同学心中，大学生找工作都那么难，技校生就更不要指望了。大家都看不到希望，对技校学生的未来感到很渺茫。

因为我将给他们上就业心理辅导课，所以，他们提前来我这里咨询一下。他们问我是能力重要，还是人际关系更重要？面试时，他们应该怎样准备才好？对于他们提出的问题，我都一一给出了指导。但他们还是非常焦虑，后悔在技校没学到东西，担心以后不会有好的未来。

就业时很焦虑怎么办？

心结七

焦虑是一个人在面临威胁或预料将有某种不良后果产生时出现的一种不愉快的情绪，并因此而产生紧张不安、担忧、烦恼、害怕、恐惧等混合交织的情绪体验。焦虑的核心成分是恐惧。焦虑症是指持久地有这种不愉快情绪并伴有躯体不适感。

焦虑是一种普遍的现象，适度的焦虑有利于激发人的斗志，唤起警觉，充分调动身心潜能，有助于克服所遇到的挫折、困难和失败，应对危机，使事情向好的方面转化。然而，强烈的焦虑反应却是有害的。因为在焦虑状况下，人的自主神经系统活动增加，肾上腺素分泌增多，血压升高，心率较快，面部血管收缩而表现为脸色苍白。不适当或过分的焦虑是一种痛苦的情绪体验，被焦虑困扰的学生会感到紧张不安、思维混乱、心烦意乱、情绪不稳定、反应迟钝、注意力不集中、记忆力下降，有时还伴有头痛、心跳加快、失眠、食欲不振、胃痛等身体反应，以致影响学习、人际关系和日常生活。

研究表明，中等程度的焦虑能使学生维持适度的紧张状态，有利于学生自我能力的发挥，但过度焦虑则会给学生带来不良的影响。因此，就业前过度焦虑常会影响面试的正常发挥，甚至导致过度的自卑，因此，面对就业前的焦虑，我们要进行及时的心理调适。

（1）坦然面对最坏的结果。在焦虑不安时，你可以问自己，最坏的结果是什么？当你想到最坏的结果，同时做好了最坏的准备时，你就告诉自己，最坏也不过如此，我还担心什么呢？那么你的焦虑就自然会消失了。因为只有面对最坏的结果，自己才能从容地面对现在。医学心理学的研究认为，你所以焦虑或恐惧，是你想象的危险所致，而不是事实本身，是你的心理、你的解释、你的想象造成了你的焦虑。

（2）立即行动，解决现在的问题。要了解现在的问题是什么，什么原因引起，用什么办法解决，什么时候开始解决。解决问题的最好办法就是立即行动，而且越快越好。比如，你担心面试的自我介绍不好，就立即写好自我介绍，在宿舍同学、在班上对同学进行即兴演讲，多次反复练习能增加自信和熟练程度。

（3）学会放松。对付焦虑积极有效的策略是放松。通过聆听音乐、静坐冥想、欣赏大自然等放松自己；也可通过深呼吸、自我暗示、运动等肌肉放松方法来放松自己。

（4）客观看待技校生的就业，即不要期望太高也不要太悲观。要相信：技校生也是社会需要的人才，一定会有自己的用武之地。

心灵成长故事与分析十六

 为哥哥放弃大学梦想的男生

接触韦增民是在 2007 年组织的全国技工学校"争做高技能人才职业生涯规划"演讲比赛上。我们接到通知时离参加省里的比赛时间只有 15 天。

由于时间紧迫，我们立即在学生中进行初选。在第一次选拔时，我对参赛选手韦增民的印象较好，因为南方学生的普通话不太准，但韦增民来自北方，普通话较准，而且个人形象也不错。

接着，学校安排我作为辅导老师。男选手两名，女选手两名，我辅导男选手。时间非常紧迫，选手每天来我办公室，不仅稿件要背熟，而且演讲稿每一句话的语音、语速及声音的轻重、停顿等都要做到非常准确。所以，学生练习时，需要在演讲稿上做各种标记，以纠正他们的错误。韦增民非常认真，一字一句地重复练习着。

韦增民的表现没有让我失望，他获得广东省技工学校"争做高技能人才职业生涯规划"演讲比赛第二名，并作为广东省参赛选手参加全国比赛。

在辅导比赛的那几天，我一直和韦增民在一起。为了将演讲稿写得真实，我要了解韦增民的家庭情况。韦增民告诉我，他来自陕西的一个偏远农村，家庭经济非常困难。父母在家种地，一个姐姐因为贫困早早结婚嫁人了。韦增民的学习成绩一直很好，但他还有一个哥哥学习也很好。家里的经济条件只能供一个人上大学。最后，韦增民向父母主动提出将上大学的机会留给哥哥，而他初中毕业后选择了读技校。为了支持哥哥考大学，家里的农活、重活都是韦增民做，因为父母也老了。

韦增民先在中技班学的是数控专业，后又转为高技工班。读高技工时，韦增民参加了成人高考，报考了我校与湖南科技大学联办的模具制造大专班，成为大专班的学生。

由于韦增民参加演讲比赛获得了优异的成绩，就业时学校为他推荐了很好的单位。又由于有参加全国比赛的荣誉，他在公司也受到了重用，成为一名优秀的技校毕业生。

韦增民的故事非常简单。他和哥哥成绩都非常优秀，但家里只能供一个人读大学，必须要有一个人放弃上大学的梦想。韦增民选择了放弃。

韦增民告诉我，作出这样的决定他内心也有过挣扎，但想到哥哥比自己大，而且很快面临高考，所以，就主动提出自己不读高中。这样哥哥也能专心学习。最终哥哥考上了理想的大学。

到了技校，韦增民并没有认为读技校就低人一等。他相信只要努力，技校学生也一样可以获得成功，所以，他学习非常刻苦，成绩很好，被大家选为班长。韦增民很稳重，显得比一般的学生成熟，而且很喜欢看书。他说，当决定读技校时，他就暗下决心，一定要混出个样来，不要让村里人认为他读技校就没出息。韦增民说，只要自己有出息，工作、生活各方面都比较好，哥哥也就不会太内疚。否则，如果读技校，将来生活、工作都不如意，哥哥和父母会因为他读技校而觉得对不起他，所以，课余时间他总是在图书馆、阅览室度过。

韦增民说，他相信机会总是等待有准备的人，所以当有参加全国技校学生演讲比赛的机会时，他就积极报名参加。实际上，在技校举办演讲比赛，女生参加的比较多，而男生较少。韦增民却不怕准备工作辛苦，抓住了这次比赛的机会，最终获得了全国比赛的优异成绩。

当初纠正韦增民不良的演讲习惯也非常辛苦。他特有的陕西人说话的习惯，使他说每一句话就像吃蚕豆一样太用力，而且语速太快，停顿掌握不好。为了纠正这种不良的演讲习惯，我一遍又一遍要求他重新来过。他没有气馁，也没有抱怨，而是一遍又一遍地重复练习，直到最后改变了他不良的演讲习惯。

在技校工作近20年里，全国以及广东省劳动和社会保障厅组织了各种各样的比赛。通过比赛，很多优秀技校学生脱颖而出，他们成为技校学生的佼佼者。这为他们的就业以及未来发展会带来了好的机遇。

这些拥有省、市或全国比赛荣誉证书的学生，就业时都是厂家主动找到他们。所以，我希望技校学生抓住在校参加各种比赛的机会。就如学生都知道的红歌比赛、超级女声比赛等，会为歌手带来新的机遇。因此，技校学生通过参加全国或各省组织的各种技能竞赛，也会给自己带来人生的转机。

当你成为参赛选手后，学校会安排专职老师辅导你们，这将极快地提升你们的各种技能水平。如果比赛获得了优异的成绩，学校会有各种精神奖励和物质奖励，而且拥有省里或全国比赛的荣誉证书，就业时你也就有了优先的选择权。

打开你的心结——技校学生心灵成长导航

虽然韦增民为了哥哥而放弃了上大学的梦想，但在技校他没有放弃自己的梦想，所以，他依然勤奋、刻苦、努力、拼搏。读了中技后，他又继续读高技。在高技工班，韦增民通过参加成人高考成为大专班的学生，依然完成了自己上大学的梦想。

一个人只要确定自己的奋斗目标，然后不断朝着这个目标努力，那么，你就有实现梦想的那一天。所以，尽管韦增民为了哥哥而放弃了上大学的梦想，但在技校他没有放弃自己的梦想，一直朝着梦想努力，最终，他也实现了自己的梦想！

（以下两篇为韦增民参赛的演讲稿，作者：曾丽华）

成为高技能人才是我的追求

在广东省工业高级技工学校，我先在中技班读数控专业，后又转到高技班，学的还是数控专业。无论是在中技班还是高技班，不少同学和我聊天都觉得读技校很自卑，特别是回去面对读高中或上大学的同学，就特羡慕他们，觉得他们比自己强多了，认为他们既为父母增了光，而且将来肯定有出息，生活也一定比自己好。

有个女同学告诉我：她有个很要好的女同学，她们在同一个村是邻居。那女同学父亲对她父亲说："你女儿读技校，我女儿上大学，以后你女儿肯定不如我女儿。"后来，她父亲感到很没面子，就和那邻居来往少了。我的女同学说，她回去后，也觉得很自卑，也不敢和那个女同学交往。

读技校真的没出息吗？真的被人看不起吗？真的不能干出一番成就吗？不，读技校一样有出息！一样能成为社会的骄傲！我们看《中国高级技能人才楷模事迹读本》，介绍了十位优秀的高技能人才，尽管他们只是初中或技校毕业，但他们用自己的事迹证明：技术工人也是人才！是社会不可缺少的人才！

不断有报纸、杂志和电视报道：各地高薪招聘高技能人才！目前，我国不是缺少设计人才，真正缺乏的是有水平的高技能人才！我国的技术工人中高级技师所占的比例仅为 0.69%，远远不能满足社会经济发展的需要！时代呼唤高技能人才！

一些技校学生没有追求，没有人生目标，没有职业生涯规划；他们整天无所事事，什么也学不进，什么也不想学，当一天和尚撞一天钟！一个人只有尽早对自己进行职业规划，有追求、有目标，才能活得充实，过得有意义！

"凡事预则立，不预则废。"对于正在摆脱依赖、要求独立的技校学生，职业生涯规划对成长十分重要。对于我来说，我从技校中技班转到高技班，学数控专业，同时我还参加了成人高考，报考了我校和湖南科技大学联办的模具制造大专班，现已被录取。三年高技班的学习，我给自己立下的目标是：通过国家数控高级技能鉴定，获得相应证书和技校毕业证，同时获得模具制造大专的毕业证。我不仅在学业方面要提高自己，同时还要提高自己的综合素质。业余时间，我要多读名人传记、人生感悟和历史等方面的书籍，向名人学习，做一个爱学习、有追求的人！我性格比较内向，不爱在公众场合讲话，我要提高自己的演讲口才；我还要多交朋友，学会人际交往，培养团队合作意识；我爱打球，喜欢体育运动，我要多参加体育比赛，提高自己的身体素质！我相信，只有尽早确定我的职业发展目标，才能实现我的人生追求！

苏格拉底说："人啊！首先要认识你自己！"有效的职业生涯规划，必须是充分认识自身条件的基础上进行。对自我越了解，就越能做好职业生涯规划。我来自陕西的一个农民家庭，父母在家种地。我有一个姐姐已经结婚。我很有上进心，初中学习很好，老师都说我肯定能考上大学。但哥哥读高中，学习也很好。家里经济条件只能供一个人上大学。最后，我把上大学的机会留给了哥哥，自己选择读技校。哥哥现已上大学。

我认为技术工人一样有出息，甚至找工作比大学生更容易！选择技校，我无怨无悔！我为自己将成为技术工人而骄傲！《中国高技能人才楷模事迹读本》中每一个人的事迹都说明：技术工人是我国人才队伍的重要组成部分，是我国社会主义现代化建设的重要力量！

我是一个勤奋学习、善于思考、上进心强的人。在中学我担任学习委员；读中技时，我担任班长，每年都被评为三好学生，获学校一等奖学金，成绩名列前茅；读高技，我还是担任班长、学校通讯员。我爱好广泛，喜欢读书、写作、运动，人缘很好，是一个受欢迎的人！当初为了支持哥哥考大学，家里的农活、重活都是我做。我不怕苦、不怕累！我相信我能成为一名优秀的技术工人！

任何目标的实现都不是一蹴而就的事！任何一个目标的实现都要分阶段、分层次实现！作为技校学生，我认为更重要的是把握今天，把握现在，努力学习，在学校学好理论知识，提高实际操作能力。李大钊说："我认为世间最可宝贵的就是'今'，最容易失去的也是'今'"。我要求自己：在技校读书期间，完成学业，以优异成绩通过高级技能鉴定，获得相应证书和技校毕业证，同时获得模具制造大专的毕业证。毕业工作后，要继续向同事和师傅学习，争取创造条件，考技师和高级技师！

美好规划的实现在于行动！只有制定实现措施，采取行动，才能实现职业生涯规划！在学校的每一天，我要认真上好每节课，无论是文化基础课、专业理论课还是技能训练课，我都会认真对待。同时，积极参加学校的各种活动，如演讲比赛，文学社团活动、体育比赛，全面提高自己的综合能力！多到图书馆、阅览室借阅各类专业书籍和人物传记、人生感悟等方面的书，从书中吸取知识的营养！培养良好的学习习惯，建立终生学习的理念！

"工人专家"李斌，技校数控高级技师，20多年不断坚持学习；"金牌工人"许振超把别人打扑克、下象棋的时间用来读书。许振超说："在别人眼里，学习是一件苦事。但对我来说，学习带给我无穷的快乐。"他还说："一个人可以没有文凭，但不可以没有知识；可以不进大学殿堂，但不可以不学习。只有知识才能改变命运，只有发奋学习才能成就未来！"

　　同学们，只要我们牢牢把握今天，认真过好每一天，我们美好的蓝图就会实现。生命就在今天的每时每刻，抓住今天，抓住现在，我们的职业生涯规划就能实现！

我的职业生涯规划

　　我是一名技校学生，学的数控专业，同时我还参加了成人高考，报考了我校和湖南科技大学联办的模具制造大专班，现已被录取。

　　法国科学家巴斯德说："立志是一件很重要的事情。工作随着志向走，成功随着工作来，这是不变的规律。"因此，我认为设计职业生涯规划对我们的成长十分重要！

一、确定发展目标

　　有效的职业规划需要切实可行的目标。我确定的发展目标是：在技校学习期间，通过国家数控高级技能鉴定，获得相应证书和技校毕业证，同时获得模具制造大专的毕业证。我不仅要在专业方面提高自己，同时还要提高自己的职业素养，学会人际交往、提高交际能力和语言表达能力。工作后，通过高级技师资格考评，获得相应证书。

二、分析自身条件

　　职业理想，应立足于自己的实际情况，从自身的生理、心理条件出发，发挥自己的优势和才干，确立符合自己情况的职业理想。我来自陕西的一个农民家庭，父母在家种地。我很有上进心，初中学习成绩很好，但哥哥读高中，学习成绩也很好。家里经济条件只能供一个人上大学。最后，我把上大学的机会留给了哥哥，自己选择读技校。哥哥现已上大学。

我是一个勤奋学习、善于思考、上进心强的人。我担任班长，每个学期都被评为三好学生，成绩名列前茅。我爱好广泛，喜欢读书、写作、运动，人缘很好，是一个受欢迎的人！数控专业，由工艺、编程、电气、刀具四大要素组成，数控机床最终靠刀具执行指令完成加工任务，是现代化的加工方法。我很喜欢我的专业，要使事业成功的第一个条件就是选择自己喜欢的工作。"工人专家"李斌也是技校毕业，数控高级技师。20多年来，他独立完成技术攻关项目162项，直接参与新产品研发55项，获得全国劳动模范、全国十大杰出工人等国家级和省部级荣誉19项。读了李斌的事迹，我更坚定了自己的选择！

三、规划发展阶段

任何目标的实现都不是一蹴而就的事！不仅需要个体具有坚韧不拔、持之以恒的精神和毅力，而且还要善于分解目标，以便在最少的时间里获得最大的成功！根据自身情况分析，我把目标分为三个阶段：第一阶段，在技校读书期间，完成学业，以优异成绩通过高级技能鉴定，获得相应证书和技校毕业证，同时获得模具制造大专的毕业证，提高自己口才和交际能力等方面的职业素养；第二阶段，技校毕业后的两三年，参加并争取及早通过数控技师的考评；第三阶段，在取得数控技师职业资格证后的三四年，参加并争取及早通过数控高级技师的考评。

四、制定实现措施

美好规划的实现在于行动！没有达成目标的行动，目标就难以实现，也就谈不上事业的成功。人要想成就一番事业，光凭理想是不够的，还必须努力学习、善于学习。

在学校的每一天，我要认真上好每节课；课余时间，我要多到图书馆、阅览室借阅各类专业书籍和人物传记、人生感悟励志方面的书，做一个爱学习、有追求的人！同时我要培养自己良好的学习、生活习惯，培养自己独立

处理学习、生活等方面问题的能力。

工作后，在上班时间，我要多向同事和师傅学习，提高自己的理论知识和操作技能；下班后，多看书，多学习，上网查找考技师和高级技师的资料和信息，继续钻研专业知识，创造条件，为考数控技师和数控高级技师做准备！

我相信：今天决定明天，现在缔造未来！机遇总是垂青有准备的人！我更相信只要抓住今天，抓住现在，我的职业生涯规划就能实现！

——— 心灵成长故事与分析十七 ———

想创业的男生

上语文课时，小军对我说，他一直有个困惑，就是不想读技校了，想现在就出去创业，因此很烦恼，希望我能帮助他。所以，我约他来我的办公室。

小军告诉我，他家中有哥哥、姐姐。在他7岁半时，父亲病故。父亲死后，他非常想念父亲，晚上经常因为想他而哭泣。后来，母亲再婚，但他们三个孩子坚决反对，不同意妈妈嫁过去，可大姨他们责骂他们三个不懂事，他们就只好跟着母亲下山随继父生活。

母亲后来又生了一个弟弟。小学四年级时，母亲病故。弟弟就随继父生活，他们三个只好随大妈生活。大妈是大伯的妻子，但不久大伯也病故了。母亲离开的那年，姐姐读六年级，只好辍学外出打工，用打工的钱供哥哥和自己读书。从小学四年级到六年级，小军经常想妈妈，晚上总是哭，但白天在人前他却不敢哭，因为怕别人可怜他。可那时真的好想妈妈，总在夜里哭醒。他说，那时伤心的事太多了。

哥哥初中毕业后，姐姐不让哥哥读书了。哥哥哭闹着要读书，大妈骂哥哥不懂事，哥哥只好去了深圳某公司。公司包吃住，还让他们读技校，哥哥也就不再闹了。姐姐24岁了，她为了供养两个弟弟，至今不敢谈恋爱。

小军说自己以前不懂事，也不想事，可到初三时，他开始想问题了。他想自己创业致富，改变家里贫穷的面貌。他说，他有很多理想，想在家乡办图书馆，还要把公司办到国外去。他觉得在技校读书是耽误时间，不如现在就出去创业。

我说："你现在才初中毕业，知识和能力都有限，家中也没有经济支持，拿什么创业？现在读技校是免费的，学校还有各种教学设备，也有不少好老师，有图书馆。你要先多学点知识，充实自己，读完技校后，你的能力增强了，再创业也行呀。"

"老师，你说的也对。自己现在家中穷，我既没知识又没经验，出去创业太早了。那我在技校这几年一定要认真学习。我要学的知识太多了。我要学历史，要学语文，还要学好英语，因为我要把公司办到国外去。我这几年要看很多书。我给我姐姐说了，想自己买些书，让她寄点钱给我。"

"学校图书馆，我去和管理员说一下，让他给你开绿色通道，随时方便你借书，另外，你还可以用30元在市图书馆办借书证，这样你就不必自己买书了。因为你的经济条件有限，姐姐挣钱也不容易。"

"那谢谢您，老师。老师，您知道吗？我将来还想写自传，把我创业的故事写出来，教育其他和我一样贫困的学生。"

"好呀，如果可以，还能拍成电视剧。只要你创业成功，就可以找人给你写剧本，找导演为你拍电视剧。但你要努力实现目标才行。现在，学校免费就读，如果可能，你还可以中技毕业后，再读高技。"

"老师，我可能没时间了。因为我要在家乡创业，其他地方我不熟悉，可您知道，现在的土地越来越贵了。如果我再多读三年回家乡创业，家乡的土地可能就轮不上我了。所以，我要早点回家乡创业，不能再读高技工班了。"

"那就先读完中技吧。你有这么多的理想，但要有计划，你比其他技校学生有明确的奋斗目标，就是将来要创业，还要办厂，帮助更多的穷人。要实现目标，还要有具体的计划和采取切实的行动。所以，你要制订一个可行的计划，也就是根据你的目标确定合理的计划，然后，要有具体的措施、步骤，这样才能实现目标。比如，在技校这三年，你打算怎样度过，要学习什么知识等等。毕业后，又有怎样的计划。你订得越具体，就越容易操作和实现。"

"老师，我知道了。我先要把三年技校的生活、学习安排好，毕业后的设想也先计划好。老师，我和您把憋在心里的话说出来后，觉得舒服多了。"

第二天，我带他去找了学校的图书管理员，希望能为他提供方便，因为他是一个好学的学生，所以让他多借一些书。

我还告诉他，以后有事可以找我，如果能帮上忙，我会尽力的。

小军让我感动之处，是因为他虽然从小经历了失去父亲、母亲、大伯、奶奶等一件又一件让他伤心的事，尤其是从小失去父母、家庭贫困等种种不幸，但他没有因此抱怨自己的命运为何如此悲惨，反而积极主动思考问题，考虑解决问题的方法。

他学习非常用功，上课没有弄懂的问题，下课一定向老师请教。一次数学竞赛，他每天主动到数学老师办公室请教，最终取得了年级第一名。这在技校是非常少见的，因为很少有学生下课后还不停地问老师学习方面的问题。当时，他经常为了搞懂一道题，而不断找数学老师，这给我们留下了很深的印象。他的数学老师对我说："在技校这么多年，我还没见过一个学生像他，为了搞懂一道题，在办公室外面等了我一个多小时。"因为那天下班后，数学老师打球去了，办公室没有其他老师，小军就在老师的办公室外面等，直到数学老师打球回办公室才发现他。他这种好学的精神让我们很感动。

他学习很认真，上课积极举手发言，遇到不懂的问题及时向老师请教，成绩在班上一直是第一名；下课后，他每天都非常忙碌和充实，在学生会、文学社等学生社团积极参加活动，同时参加学校的创业培训班的学习，主动到图书馆借阅各类书籍，扩大自己的知识面，从各方面提高自己的综合素质。

虽然小军从小失去父母，姐姐过早承担起养家糊口的责任，哥哥和他都因为家中没钱所以选择了读技校，但他积极的生活态度和阳光的心态，还有勤奋好学的精神都感动了我。他不屈服于命运的安排，不抱怨命运的不公平，而是充满了激情和希望积极地面对生活。我相信，通过努力，小军一定能实现他创业的梦想！

和小军相比，有些技校学生，家庭条件不错，什么都依靠父母。有些技校学生不爱学习，甚至上课从来不带笔和纸，直到考试那一天才买一支笔应付考试。上课时，个别学生根本不听课，即使考试前的辅导课，一些学生也不认真。我想，如果这些学生知道了小军虽然经历坎坷的命运，但他却没有因此悲观，反而以更加积极的心态创造自己的人生，我们是否应该向他学习呢？

其实，技校学生创业成功的也不少。我的一个学生晓明，技校毕业后他先被学校分到一个工厂做车工，后来，他跳槽到了另一个工厂。在那个工厂干了几年后，因为非常熟悉那里的业务，他有了创业的想法，于是，和几个朋友一起合伙办厂。后来，他又一个人创办了自己的公司。目前他创业成功，业务做得很不错，厂里有几百个工人。

晓明在学校是一个非常普通的学生，身高1米六八，人很老实，不爱说话，学习成绩一般，体育也不突出，是一个很不起眼的学生。但工作后，他有了创业的想法，最终拥有了自己的公司，而且效益也很好。晓明是我教的学生中最有成就的学生之一。

谈起创业的经历，晓明说技校学生最重要的是心态，不要认为自己是技校生就低人一等，要自信，相信技校生和大学生一样能有出息、有成就。尤其工作后接触的人多了，晓明认为技校生一定要看得起自己，因为自卑的人很难成功。工作后，在社会大学里学习，只有融入社会才能有成就。学校的学习并不代表一切，工作后继续拼搏和努力更重要。因此，我相信：技校学生心有多高，梦就有多远！希望每个技校学生都能梦想成真！

梦 想 成 真

王宝强，2004年由于参演冯小刚贺岁剧《天下无贼》，名声大噪，一夜之间成为家喻户晓的电影明星。

这个出生于河北南河县大会塔村普通农民的孩子，自儿时看过一部《少林寺》的电影，就渴望能成为像李连杰一样的武打电影明星。于是，儿时的梦想在他心中扎下了根。6岁他开始练习武术，8岁在他的一再要求下，父母最终送他去嵩山少林寺练功，他成为俗家弟子。直到 14 岁，他走出少林寺，怀揣着 500 元，告别了家乡的父老乡亲。他说自己将要独闯京城，不成为一名演员不回家。

500 元很快就用完了，为了生存，他一边在建筑工地做搬运工，一边在电影制片厂外等待机会，设法在各个剧组当武行做群众演员。命运似乎很眷顾这个看上去普普通通的孩子，16 岁时，王宝强被导演李扬挑中，主演独立电影《盲井》，这部电影让他一夜之间从武行变成金马奖最佳新人；而后又被冯小刚选中，在《天下无贼》中扮演单纯善良的傻根，这部电影使他的面孔家喻户晓；之后又出演了电视剧《暗算》。2006 年，他主演了军旅题材的热门电视剧《士兵突击》，在其中扮演主人公许三多，此剧的热播使王宝强更为观众所认可。同时，中央电视台、凤凰卫视等多家电视台对他进行采访和报道，他也获得了中国电影百花奖等多项奖项。2008 年，他登上央视春晚舞台。

于是，这个没有学历、没有背景、没有英俊外表的普通农民的孩子成功的故事，几乎就是一个奇迹！他成了许多青年的偶像，他们渴望自己也能像王宝强一样成为一个明星。

王宝强，这颗耀眼的星星，在许多人眼里，可能认为命运特别关注他，他的运气特别好。的确，他的成功可以说是千万分之一，甚至是一个传奇的故事。可我们也应该看到，这个在 6 岁就对未来充满梦想的孩子，有着执著和坚定的信念。在做群众演员时，对每一次机会，他都认真把握。在一次表演武打功夫时，他就真的往墙上撞，以致头都撞出了血。正是因为他的执著、认真、憨厚、淳朴感动了导演冯小刚，也就有了一次又一次的合作机会。

命运总是垂青有准备的人！正是因为王宝强有了执著的梦想和追求，才有了今天的成功和幸运！如今，有些技校学生没有追求、没有梦想、找不到自己人生的目标和方向，就像浮萍一样漂来漂去。于是，一些技校学生无所事事、上网成瘾，最终在网络世界迷失了自己。如果，我们也能像王宝强一样，从小就有自己坚定的梦想，认准目标去执著追求，就一定有梦想成真的那一天！因为理想有多远，我们就能走多远。

执著地追求

江西卫视《传奇故事》讲的"一只'鸟'成就的百万富翁"和中央 10

台《家庭》栏目中播出的"校园里的百万富翁"，讲述的都是22岁的贫困大学生岳贤德的故事。

岳贤德家在安徽省肥西农村，父母务农，姐姐读大学，弟弟读高中，家庭经济状况很困难。考上安徽大学艺术学院艺术设计系后，他靠回收矿泉水瓶和废旧报纸等，赚自己的生活费。

岳贤德读大三时，吉利集团在北京召开新闻发布会，宣布斥资360万元设立征标专项基金（其中大师奖1名，奖金200万元人民币），开始在全球范围内征集新车标。于是，设计课的老师给学生布置了一个作业，要求学生设计这个车标。他希望有兴趣的学生能参加比赛，说不定能获大奖。

那时岳贤德的父亲被诊断是食道癌中期。岳贤德想如果获奖，父亲高额的医疗费就可以解决了；如果不能获奖，就当是锻炼自己。

为了父亲的医疗费，岳贤德对这次设计投入了很大精力。他吃饭想，睡觉想，脑子里整天惦记的就是这个标志。他开始研究世界名车的车标，研究吉利集团公司的发展史。从最初烦琐的设计到最后作品的定型，半年多时间，他在电脑上画了改，改了画，原本复杂的图画越来越简洁，含义越来越鲜明。他还拿着作品给老师、同学、家人看，征求他们的意见，甚至开"摩的"的师傅也会被他拉着请教一番。终于，工夫不负有心人！岳贤德成了"大师奖"得主，获奖金200万元！

这之前，岳贤德没参加过任何比赛，在班里也不是最优秀的。他之所以能获得成功，是因为他为这次的比赛投入了很大的精力。无论课前课后，他都用心向专业课老师请教，并向中文课老师请教中国传统文化方面的知识。

从北京领奖回来的岳贤德，他和往常一样，依然回收矿泉水瓶和废旧报纸。岳贤德说，那个奖是对他以前成绩的一个肯定和鼓励，他还和以前一样。

岳贤德说："我的生活不会因此改变。拿到这个奖我的确很意外。很

145

多人以为我拿了 200 万元会如何如何，有同学开玩笑说，'都百万富翁了，还不买名牌？'其实我压根儿没想这些，我就想我爸的身体能赶快好起来，以自己的能力给抚育自己的长辈一些实实在在的回报。我只是想好好学习，现在有了一个相对比较高的起点，所以目光也应该放得远点，但是这一切需要用大量的知识去支撑，所以我还要去学更多的东西，以后的路还很长。"他将一部分奖金支付了父亲的医药费，还有一些他打算用于将来出国学习。

岳贤德能在全球性的征标大赛中获得头奖，也许有人认为他是因为"运气"，可我认为是因为他执著地追求自己的目标。当机会来临时，他能勇敢地尝试，懂得珍惜和把握机会！设计车标只是老师布置的作业而已，许多学生仅仅将这当成作业完成了，可岳贤德却抓住了这个机会，全力以赴地投入，最终获得了令人满意的成绩！

当机会来临时，我们能否像岳贤德一样善于抓住瞬息即失的机会？能否为了心中的目标执著忘我的追求？有什么样的目标就有什么样的人生。如果没有目标，人生就像一个浮萍，找不到停留的地方。只有清晰的目标，而自己又一直执著地朝目标方向努力，才能创造成功的人生。机会总是垂青有准备的人！成功只属于那些懂得付出和执著追求的人！

心灵成长故事与分析十八

为就业焦虑的男生

小涛第一次来咨询已是晚上 10 点。他进来时，手里拎个热水瓶，头发很乱，满脸憔悴和疲惫。他和我谈起他家的情况。他说家里实在困难。父亲因工伤双腿截肢，只能跪在地上爬行，现在下岗在家，无法从事体力劳动，每月拿 400 多元的困难补贴；母亲是农民，癌症晚期病人，每星期需要治疗费 400 元以上；妹妹小学毕业后辍学了，现在打算外出打工；弟弟还在读小学。

他说自己已经没有生活费，也不敢向家里要钱，知道家里也拿不出来。说到家里情况时，小涛眼睛睁得很大，拼命抬头向上看，极力控制着自己不掉眼泪。

看着眼前这个身高一米六，体重不到 40公斤的小男孩，尽管他眼睛很大，但却充满了忧虑。他说想早点就业以减轻家里负担，可面试时太紧张了，几次都没有面试上。我说，为什么不和厂家谈谈你家里的情况。他说如果说到家庭情况，他可能会掉眼泪，因为太伤心了。我说，这才证明你说的是真话，男人有泪也可以流的。我递了纸巾给他，他控制不住哭了。过了一会儿，他擦了擦眼泪，这才开始和我谈。

他说自己学习成绩很好，小学、初中一直担任班长，现在技校也是班长。初一那年，家里的顶梁柱父亲因为工伤残疾在家。两年后，母亲由于操劳忧郁过度病倒，一查竟然是癌症晚期。为此，他只好放弃

上大学的梦想，选择读技校。现在即将毕业，作为长子，他想早点就业，帮助家里，可自己个子不高，很多厂家不要。有些厂家来学校招工时，明确要求男生身高1.65米以上，他连报名的机会也没有。也有厂家对身高没提出明确要求，但面试时，由于太渴望早点工作以至于太紧张，所以也没面试上。想到家里的困难和烦恼，他整夜都无法睡觉。

听了小涛介绍的情况，我告诉他，为什么不主动将自己的情况告诉班主任，通过班主任向学校反映，争取学校为他捐款呢？他说，因为和他一起来这里读技校的有很多老乡，都是一个地方的。母亲至今都不知道她已是癌症晚期，家里人都骗她说是普通的疾病，住院治疗就可以出院。可医生说母亲剩下的时间不多了。如果学校组织捐款，老乡知道后告诉家里人，这样母亲就可能知道她的病情，就不会继续治疗，甚至可能为了不拖累家人而自杀，所以，他不想让母亲知道自己的病情，也从没和其他同学说起。

我告诉他，你现在已经没有生活费了，可以向学校申请一定的补助。只要你爸爸在村里开一个家庭困难的证明，学校可根据你提供的证明和你的困难申请报告给予一定的补助。你也可以向班主任说明你的家庭情况，她会替你保密的，但她可以向学校反映事实情况。

小涛说，最近刚换了新班主任，所以，不好立即去求她帮忙。我说，老师都是有爱心的，大家知道你这种情况，肯定会帮助你的。小涛很快让父亲在村里开了一个家庭经济困难的证明，主动向学校提出困难补助的申请，学校也因此补助了小涛500元。这对于小涛渡过目前的困难有一定

帮助。

第二次咨询，我和他一起讨论就业问题。我说："学校的领导我都很熟。我可以帮你找领导，但如果这样，将不利于你的成长。既然很困难，你要学会解决自己的问题。"我建议他主动找新班主任，说明自己的情况，并通过班主任帮他找招生就业办的领导，希望他们能帮他。同时，我建议他主动去找学校相关的领导，说明家庭情况。我告诉他应该找哪个领导，他们的办公室在哪里。而在面试时，应主动向厂家谈家庭的困难，并说明自己虽然个子不高，但能吃苦耐劳，会很珍惜这份工作。随后，我和他一起拟订了面试的自我介绍。

在我的指导下，他的自我介绍是这样写的："大家看，我身高只有一米六，体重不到40公斤。你们一定认为我不能吃苦、不能干重活。可我的家庭很特殊。我是长子，母亲癌症晚期，每月治疗费需要上千元。父亲残疾下岗，每月只有400多元下岗工资。妹妹将读初中，面临辍学。弟弟读小学。我只要回家，家里的农活、重活都是我做。穷人的孩子早当家，我知道父母不容易，所以从小就很懂事。别看我又瘦又小，可我身体很好，从没病痛；我干活力气也很大，很多高个子还比不上我。我学习用功，是班长，每年都被评为三好学生。我的组织、管理和协调能力较强，和同学关系也很好。正因为我家特殊的情况，我比一般同学更渴望得到这份工作，家里也急需我尽早工作帮助他们。希望贵公司能考虑我的特殊情况，优先给我这个工作的机会。我一定会好好珍惜。谢谢你们！"

对我提的建议，小涛很配合，都按照我说的去做了。他首先找了学校有关的领导，说明他家庭情况，希望学校领导在就业时能帮帮他；然后，他又和班主任谈了他的情况，希望班主任帮助他。虽然学生找学校领导需要很大的勇气，但小涛都积极去做了。

最后，通过班主任和小涛的共同努力，小涛被一个他很想去的公司录用了。招生就业办的领导也告诉我，小涛在面试时做的自我介绍，让来招工的公司领导很感动，立即提出要小涛。

招生就业办的领导还对我说，其实招工单位很喜欢多子女贫困家庭的学生，尤其是老大。他们认为在这种家庭长大的孩子懂事、责任感强、能吃苦、不会轻易跳槽。

6月底的一个早晨，还没到上班时间，小涛就来到我的办公室。他穿了一件深红色的上衣，头发也剪短了，很精神，满脸笑容，一双大眼睛特别有神。他对我说："老师，我分配了，今天就走。我特意过来和您道别的。谢谢您对我的帮助！"看到这个每次来我这里总是愁容满面的孩子第一次有了开心的笑容，我真为他高兴。

后来，招生就业办的领导告诉我，小涛工作后干活积极主动，又能吃苦，人际关系特别好，团队合作意识很强，加上面试时，公司领导对他印象很深，所以特别关注他。一年后，小涛被提拔为班组长，后来调他到公司质检科，又到调度室，现为调度室主任。

工作后，小涛经常和我联系，告诉我他的近况。他说，工作后，他让妹妹继续读初中。母亲最终没能留住生命，在他毕业两年后永远离开了他们。妹妹高中毕业后，读了技校，现在已经工作。弟弟现在读大学。他和妹妹一起供弟弟读书。我问小涛有没有女朋友，他说，自己现在不想恋爱，等弟弟大学毕业后再考虑。

【分析】

小涛让我感动的原因是他很懂事，很有责任。作为"80后"，不少孩子是独生子女，他们过着衣食无忧的生活。有些"80后"，凡事依靠父母，有些甚至是啃老族，不愿意工作，不愿意承担责任。所以，我教育学生时，经常会强调：做人最重要的就是要做一个负责任的人。在小涛身上我看到了这点。

小涛不是很健谈的人。他说话声音不大，但给人很诚实的感觉。说起他工作后的家庭情况，小涛很平静。我夸他为家庭付出太多了，他说，谁让自己是长子呢？当父亲残疾后，长子如父，他必须担起家庭的重担。我问他工作这么多年没有想过恋爱的问题吗？他说，自己也很想恋爱，但家里这种情况，他不可能恋爱，因为经济条件不允许。但他说自己还是很幸运的，虽然个子不高，还有不少女孩喜欢自己，有些还主动追求自己。他笑着说："老师，我的好日子很快就要来了。弟弟大学毕业工作后，我也可以安心恋爱了。我对自己还是很有信心的，我相信会遇到善良的女孩。"

我说："会的。我一直相信好人有好报。你会拥有幸福的！"

"谢谢您，老师！我会努力的！"

人穷志不穷

就在今天写下小涛的故事时，我想到了不少技校学生。有些学生家庭非常困难，但他们却不懂事，不善于体谅父母的难处，依然表现得像富裕家庭的孩子，花钱大手大脚，没钱就向父母要，不给还威胁父母。这样的技校学生我接触的也不少。

在我接触的技校学生中，贫困的学生很多。虽然也有技校学生家境较好，但这样的学生比较少。可即使家庭贫困，一些学生还是会为钱的事和父母吵架，而且无法控制自己用钱。

小丽刚进技校，第一个月就用了2000多元，而她的家境并不宽裕。母亲没有工作，而且患病，长期需要吃药治疗，家里仅靠父亲当工人维持一家的生计。可她住校后，和同学关系不好，因此经常借故不住宿，有时还逃课，每月开销超过1000元，向母亲要钱，如果母亲不给，她就逃学。最后，母亲只好给她钱。

在技校，小丽很快谈了男友。小丽喜欢看电影、化妆，爱打扮自己，穿着时髦。小丽每月的钱用来看电影、买化妆品和衣服，开销很大，母亲因此经常批评她。但只要母亲不给钱，她就以不回家要挟母亲。在班主任的帮助下，小丽勉强坚持了一个学期。第二个学期刚开学，家里就给了她2000元让她交学费，可她没交学费，一个星期就把钱用完了，于是和母亲说，她要退学。小丽说，她和同学关系不好，觉得很孤独，也不喜欢读书。没办法，父母只好同意她退学。

类似的案例还很多。技校老师经常遇到学生借钱。有时了解到学生很困难，老师愿意主动给他们钱，但如果发现这个学生不懂事，家里穷还乱花钱，老师往往不会再借钱给他们。

学校老师了解到一个女孩是孤儿。当初收养她的老人已经过世，她只好随老人的女儿生活。可老人的女儿也很困难，自己还有4个孩子要供养，所以每月给女孩400元生活费。为了帮助她，学校老师给女孩找了份工作，利用周末和寒暑假可以打工，可她却说工作太累不做，但她的同学就能坚持，仅暑假就收入2000元。一次，她向学校教务科科长借钱，说回去路费不够。明明回家车票只要20元就够了，但她骗科长说她家很偏僻，乘火车后，还要坐很远的路，向科长借200元。班主任知道她困难，给了她200元，让她把科长的钱还了，可女孩没有还。一次过生日，同学说，女孩请大家吃饭、唱卡拉OK等，竟然用了500元。之后，不少老师都知道她经常骗人借钱不还，就不借给她了。

像这样的学生，不是老师不同情他们，而是他们不懂得：虽然自己不幸，但如果自己肯努力，在学校老师的帮助下可以利用寒暑假打工挣钱帮助自己。但他们不能吃苦，又无法控制自己的用钱，还不听劝说。

"助人自助"，一个人如果自己不帮助自己，那么没有人可以帮助你！

多数技校学生的家境并不富裕，由于当下盛行盲目攀比之风，一些技校学生无法控制自己的欲望，甚至不根据自己家庭的实际情况超前消费，致使他们到处欠钱。一些学生原来在家中用钱都是向父母要，现在每月父母寄钱给自己，很多学生就不能计划用钱，甚至超支太多，只好向学生或老师借钱。一些学生上网或过生日，或经常逛街购置不需要的物品，甚至有些因为赌博，造成拮据和尴尬，到处借钱度日，最终导致一些学生因此苦恼、困惑，甚至滋生了爱慕虚荣或自卑情结，出现抑郁等不良情绪。

所以，我认为作为特困生，我们要像小涛一样做到人穷志不穷。我们要靠自己的努力，根据自己的经济实力，要量入而出，量力而行，力求节约；同时，要做到个人消费要有度，养成不轻易向别人借钱的习惯。尤其是贫困的学生，生活上不如别人并不可耻，没必要为生活贫困而自卑、失落。

我认为作为技校学生，个人的消费要结合自己家庭的经济情况，合理消费，要学会管理自己的钱财，做到以下几点：

（1）按时交学费，善于管理自己的生活费用。要有自控能力，不要养成向老师或同学借钱的习惯。有些学生连生活费或返家的车船费都向老师借，就是因为平时大手大脚造成的结果。

这里特别要提醒同学之间不要养成互相借钱的习惯。原则上不要借钱给同学，否则当同学不及时还钱时，会因此影响同学之间的关系。毕竟我们都是消费者，用的也是父母的钱。

我做咨询时，因为同学之间借钱不还最后引起纠纷和冲突的不少，有的甚至因此大打出手，严重影响了同学间的友情。原本很好的朋友就因为借钱不还最后成为仇人，所以，我一直提醒学生，同学之间尽量不要借钱。

（2）每月拿到父母寄的钱后，首先将饭卡充好，然后买好洗衣粉、洗发水等日用品。剩下的钱，如果需要购买较贵的物品，可以把钱计划好后再购买。学会将自己暂时不用的钱存入银行。计算自己每月的固定收入，固定消费和可用来灵活支配的钱有多少。

（3）养成记账的习惯。每月进行汇总，对花费进行统计，了解钱是怎样用的，是否合理。如一些女生喜欢买化妆品、小工艺品等，这些看起来用钱不多，但累计起来就多了。所以，只有通过记账，才知道哪些钱是可以省下来。另外，手机费、看电影等费用也要记账，要防止超支。

(4) 保管好自己的钱财和贵重物品。有一个男生和自己最要好的同学一起去银行用银行卡取钱。回来后随手将卡放在枕头下，第三个星期去取钱，发现卡上 300 元的余额都被取走了。于是怀疑是另一个男生所为，但又没有证据。另一女生开学刚从家里回来，结果钱包丢了，里面有 1000 多元钱，还有银行卡。幸好被另外两名女同学捡到后交给学校老师，才被及时找回。

在公交车、火车站等公共场合，要保管好自己的财物，不要让陌生人帮忙看管自己的财物。逛街或出门在外时背包等要挂在自己的胸前能看见的地方，不要斜挎包或背在后面，否则容易被小偷偷东西或被抢劫等。

某校的一个文艺部部长，因为要组织中秋节的文艺彩排，让另一个女同学看管他们工作人员的背包等物品。结果，那个看管的女生也跑去看演出，回来时发现文艺部部长的钱包被偷。包里有 900 多元钱，还有银行卡、饭卡、身份证等均被偷了。因此，我们提醒学生不要将贵重物品交给外人保管，一定要随身携带。同时，不要将身份证、银行卡、饭卡等都放在自己的钱包里，否则丢了补办也很麻烦。如果不是因为办事需要，身份证、银行卡最好不要都放在一个包里，否则被盗窃后补办各类证件会非常麻烦。

这里特别要提醒学生注意，寒暑假放假或开学、周末等时间乘坐公交车或火车时，一定要注意保管好自己的钱财、贵重物品等。因为这些场所小偷特别多，而且他们的目标常常是没有防备意识的学生，尤其是女学生。特别在春节前后，小偷非常猖獗，一定要引起我们足够的重视，否则遭受损失的一定是我们。

(5) 如遇到意外情况需要用钱，最好和父母商量，而不要擅自处理，否则可能导致浪费钱财或发生悲剧。一个男生因其女友怀孕，不知如何处理，便向其他男同学请教。结果，男同学告诉他没关系，他们一起带女孩去做手术。于是，同班几个同学带他们两个人到了市医院，除了女孩做手术的费用外，还要管其他几个陪同的同学来回乘车、晚上住旅馆、吃饭等费用。结果，他把 2000 多元的学费都用完了。事后，男生不敢告诉自己的母亲。因为他的父亲已经病逝，母亲务农，家中还有弟弟和妹妹读书。过去为了父亲治病，家中已经负债累累了。最后，男生不去上学，又不敢告诉母亲原因。后来，还是男孩的姑姑筹钱替他补交了学费。母亲知道这件事后，非常生气。其实男孩并不调皮，如果他如实告诉母亲，由母亲帮助处理这件事，做手术也不要 2000 多元。所以，无论遇到多么为难的事，尽量要和父母商量。尽管父母会责备你们，但一定会帮你们。

现在多数家庭都是独生子女，生活都比较好。但即使如此，我们心中还是要有本经济账，要有理财的计划。一个人如果不善于管理自己的钱财，那么，钱再多也用得完，所以，要控制自己的购买欲望。对于技校学生，应该尽早有理财计划，尽早建立自己的经济账本，这样才能拥有自己想要的人生！

"穷人的孩子早当家""人穷志不穷"，这样的话家喻户晓。如果每个贫困的学生都能向小涛一样，在学校读书期间，学会节约。小涛是20世纪90年代的技校学生，那时在校的学生还很难找到打工的活，现在，很多地方都可以打寒暑期工。只要你不怕苦、不怕累，是可以依靠打工挣钱的。所以，希望贫困的学生要做到：人穷志不穷，不要盲目和别人比，不要超前消费；如果有条件，可以利用寒暑假或周末等业余时间打工赚钱，帮助家里度过艰难的日子。人穷并不可怕，可怕的是我们没有志气、没有责任、没有能力。苦难是一所学校，只要我们愿意，就可以在这所学校成才，甚至会比一般的学生成长得更快更好！

就业时，选择适合自己的路

读《感悟财富》（宋天天编著，北京：新世界出版社，2007.4）其中的一篇《人生道路上要懂得转弯》，现和大家一起分享。

他在上中学时，父母曾为他选择了文学这条路，但只上了一学期，老师就在他的评语中下了如是结论：该生很用功，但过于拘泥，这样的人即使有着完善的品德，也绝不可能在文学上有所成就。

于是他又改学油画，谁知他既不关心构图又不会调色，对艺术的理解力也很差。后来，还是化学老师发现他做事一丝不苟，具备做好化学事业应有的品格，建议他改学化学。

这一次，他智慧的火花被点燃了，其化学成绩在同学中遥遥领先，以至后来他获得诺贝尔化学奖，他的名字叫奥托·瓦拉赫。

他是个农民，但他从小的理想就是当作家。为此，他一如既往地努力着，十年来，坚持每天写作500字。每写完一篇，他都改了又改，精心地加工润色，然后再充满希望地寄往各地的报纸杂志。遗憾的是，尽管他很用功，可他从来没有一篇文章能得以发表，甚至连一封退稿信都没有收到过。

29岁那年，他总算收到了第一封退稿信。那是一位他多年来一直坚持投稿的刊物的编辑寄来的，信里写道："看得出你是一个很努力的青年，但我不得不遗憾地告诉你，你的知识面过于狭窄，生活经历也显得过于苍白。但我从你多年的来稿中发现，你的钢笔字越来越出色……"

就是这封退稿信，点醒了他的困惑。他毅然放弃了写作，而练起了钢笔书法，果然进步很快。现在他已是有名的硬笔书法家，他的名字叫张文举。就这样，他让理想转了一个弯，继而柳暗花明，走向了成功。成功之后的他向记者感叹：一个人想要成功，理想、勇气、毅力固然重要，但更重要的是，人生路上要懂得舍弃，更要懂得转弯！

因此，每个技校学生在读书期间，都要花时间好好考虑，自己想要过一种怎样的生活，希望成为一个怎样的人？将来做什么工作？因此，技校学生要提前设计自己的职业生涯规划，要选择一条适合自己发展的职业道路，而不要等到毕业分配时，还不知自己到底要做什么。

一些技校学生工作后，总不能安心在一个工作岗位，经常跳槽，无法确定自己的职业方向，这无疑是浪费时间。犹太人强调：无论是对事业还是对爱情，他们知道什么时候应该坚持，什么时候应该放弃。对于没有希望的执著，他们认为应该适时懂得放弃。

当我们在追求理想时，会遇到各种各样的选择机会，如果一味盲目地追求错误的目标，那只会白白浪费我们的时间和精力。就如现在选择专业时，很多人挤着读热门专业，结果找工作时竞争太激烈。因此，当我们发现自己当初的选择是错的，那就要及时根据自己的能力和天赋，调整自己的目标，矫正自己的理想。

我们首先要做的事，是懂得选择正确的目标和方向，找到最适合自己发展的路径，然后执著追求，才会有成功的希望。所以，希望每个技校学生在面临毕业时，要提前做到就业的准备工作，不要等到无法找到合适单位而焦虑不安，更不要因为选择的错误而后悔不已。

求职定位要合理

技校毕业的学生肖剑锋回校办事，于是，我和他一起吃饭，谈到目前学生就业的问题。肖剑锋现在公司做产品销售。他说，任何人，无论你毕业于什么学校，在进入社会之后，你都要在社会大学继续学习，不要好高骛远，要脚踏实地从零开始，否则很难有发展。

肖剑锋说虽然自己技校毕业，可在这个工作岗位做了近10年，积累了丰富的经验，成为公司的主要领导。肖剑锋说，目前就业形势紧张，技校学生就业时不要脱离现实，过于理想化。他说，他们曾去大学招工。一些大学生说他们大学毕业不做推销工作，可最后这些大学生无法找到合适的工作，还是到他们公司上班，但有些大学生不能客观评价自己，工作不认真，最后还被公司炒鱿鱼了。

肖剑锋说，无论自己的学历是什么、在校成绩有多棒，只要进入社会，依然都要从头学起。尤其像他们做推销的，要学的东西很多，特别是心理素质、个人心态对工作有很大影响。所以，他认为一定要给现在的学生进行就业指导，特别是就业心态的指导，技校生要准确给自己定位，不要盲目追求在大城市工作。任何学历的毕业生都需要进入社会后，不断学习新的知识，才能不被淘汰，才能被领导重视。

肖剑锋说，自己这10年，因为做推销和人打交道，学了很多知识，特

别是积极乐观的心态、对困难迎难而上的决心，是一生受益的财富。肖剑锋认为技校学生刚工作时，收入多少并不是最重要的，但公司能否提供成长的机会，提高素质和工作能力很重要，特别是善于和人交往、善于处理人际关系是一生要学习的功课。

每个人的天赋不一样，适应的工作也不同，因此，我们要了解自己，对自己准确定位，确定正确的目标，然后，集中人生有限

的时间和精力去攻克这个目标，那么，我们成功的机会就比别人高。

现在一些企业需要技能人才，可一些技校学生又说找不到工作，就是因为这些技校学生无法对自己准确定位，总以为自己很有能力，对就业期望过高，不能实实在在地从基层做起。

因此，技校学生求职定位要合理，不要盲目追求大城市、大公司、高收入，要懂得先就业求生存、再择业谋发展，通过在工作中不断提升自己，才能最终实现自己的职业理想。

心灵成长故事与分析十九

 改变家庭命运的技校学生

卓伟君，一个煤矿工人子弟，1994年10月技校毕业后被分配到东莞虎

门发电厂后，当月收入 1000 多元。而那时，他的父亲每月收入只有 120 元，母亲帮人搞卫生每月仅 30 元。从此，他成了家里的顶梁柱。1995 年后，卓伟君每年寄给家里 7000 多元。这些钱，不仅帮助了父母，还供两个弟弟、妹妹（均在技校）完成了学业。

如今身为东莞虎门发电厂机修骨干的卓伟君年薪 8 万多元，并在虎门购买了商品房。谈起这些年帮扶家庭脱贫的事他依然感慨万千。卓伟君说："矿山的贫困家庭太多了。如果没有在外工作的亲朋好友的资助，这些人的生活难以想象。我家算是脱贫了。现在弟弟、妹妹每年也都有钱往家里寄，父母也成了矿上许多人羡慕的对象。"

类似这样的案例在矿山还有很多。矿工苏觉老人，他有 4 个孩子，3 个是技校毕业。如今，技校毕业的大儿子苏祥光在佛山搞个体，每月收入 6000 元以上；二儿子苏月明技校毕业后在东莞虎门发电厂工作，月收入也超过 6000 元；小女儿技校毕业后在东莞一家模具厂上班，月收入超过 5000 元；只有大女儿初中毕业后在矿山成为下岗职工，靠弟弟、妹妹救济过日子。

过去苏觉老人是矿山工人，妻子是家庭妇女，为供几个孩子读书，是东挪西借，如今孩子每年寄给他们上万元，日子是越过越好了。

【分析】

很多矿山职工的孩子因为家庭贫困，为了早点工作帮助家庭，他们选择了读技校，希望通过学习技能来改变家庭的命运。在全国有很多技校是企业办的，这些技校过去主要培养的对象是职工子弟。他们为社会培养了大量的技能人才。这些技校毕业生遍布经济发达的珠三角、长三角地区，因为他们工作后在经济上尽可能地帮助家人，从而改变了一个又一个职工家庭的命运，改变了他们家庭贫困的经济状况。

某技校的校训上写着："刻苦学习，掌握一技之长，成为社会有用人才……上技校可以改变一个孩子的命运，改变一个家庭的生活。办好技工学校，实施智力扶贫对孩子、对家庭、对企业、对社会都有极大的好处。"

一些职工子女在技校学习技能，当他们毕业找到一份满意的工作后，经常给父母寄钱，孝敬父母。每年春节前，我总看到在邮局排着长长的队伍，就是那些退休的老工人去领孩子们寄来的汇款。所以，技校生掌握了一门技术，那么，他们家庭的命运也可能因此改变。就如卓伟君和苏祥光的家庭，正因为得到了他们的帮助，他们的弟弟、妹妹才能顺利完成学业，他们的父母也因此过上了好日子。

这两个故事听起来虽然有些陈旧，但这也进一步说明：技校学生也是有责任感、有能力的人。人活着的意义就是要成为一个对别人有用的人，尤其是对家庭对社会有用的人。这两个技校毕业生家庭的故事看似很简单，但如果每个技校学生毕业后，都能尽其所能帮助家庭脱贫致富，那么，家庭和谐了，社会也就更和谐！

1992年我到技校工作时，很多技校学生的家庭是靠赊账买米度日（因为没钱买米，常常向米店赊账），一些学生在冬天甚至没有衣服御寒。可当他们家庭中的一个孩子技校毕业后，分配到一个好单位，如虎门发电厂等，他们的月收入会超过父母年收入的好几倍。这些孩子毕业后，他们没有忘记家里，而是尽可能省吃俭用，把更多的钱寄给父母，资助弟弟、妹妹读书。

如今，在矿山除了节假日，已经很少看到年轻人，矿区留下的常常只有老人。因为年轻的孩子读技校后，都到珠三角发展了。很多父母也被孩子接到珠三角生活，因为孩子们已经在那里买房成家立业了。所以说，读技校不仅改变了一个孩子的命运，也改变了一个家庭的生活。

像卓伟君和苏祥光这样，通过他们的努力和成功帮助家庭脱贫致富的技校学生还有很多。这些技校学生在校时的表现并不十分突出，但他们有一个共同特点，就是做事非常认真，干活很勤快，能吃苦。参加工作后，他们心里一直牵挂着自己的家庭，他们尽自己所能帮助父母和兄弟姐妹，成为家里的顶梁柱。因此，只要我们愿意努力，技校学生毕业后一样有能力帮助贫困的家庭，技校学生一样能成为家庭和社会的有用之才！

 **阅读链接**

我的未来不是梦

认识罗富华是因为我的电脑坏了，学校老师安排他和刘玉璋一起过来帮我修电脑。罗富华他们一边修电脑，一边和我聊天。当时我并没有很在意罗富华，倒是刘玉璋引起了我的关注。刘玉璋告诉我他一直有当兵的梦想，但因为体检不符合要求，无法实现当兵的梦想，这让他很遗憾。我出于职业的敏感，和刘玉璋谈起理想与现实相结合的问题。如果客观条件制约自己无法实现梦想，就要寻找新的梦想。刘玉璋说他很羡慕罗富华，因为罗富华找到了他的最爱——电脑专业。因为有了明确的梦想，罗富华每天都非常快乐。

就在我们聊天时，罗富华说电脑修好了，让我检查一下。我没想到一个技校学生这么快就修好了我的电脑。以前修电脑我总找老师来维修，但他们非常忙，因为学校那么多电脑要他们修。所以，每次电脑坏了我都很烦恼，因为我每天都在电脑上写作，离不开电脑。罗富华走的时候对我说，以后电脑坏了，就不要找老师修了，直接叫他过来修就行。

后来，我的电脑需要更新程序，正好看见罗富华在操场上，就向他要他的手机号码。罗富华说他没有手机，这让我非常诧异，因为技校生很少有人没手机，况且罗富华是高中毕业后读技校高级工班，他没有手机太出乎我的意料了。

罗富华告诉我，他来技校时家里给他买了一部几百元的手机，后来坏了，就没有再用手机了。我问他说，没有手机不是很不方便吗？他说，他要手机也没有什么用，而且还可以省掉手机话费。这让我有了想了解他的冲动，于是，我再次约了罗富华和刘玉璋，这才对罗富华有了更多的了解。

罗富华告诉我，他有一个哥哥，今年刚结婚。哥哥和父母在家务农，都是普通农民，家里经济条件很困难。高考那年，他考上了大专，但他认为读大专工作不好找，不如读技校学一门技术，所以他选择了技校，学的是数控专业。

　　读技校是罗富华的选择，他希望学好一门技术，所以学习非常刻苦，成绩也很好。罗富华说，高中毕业后，他一直很困惑，不知道将来做什么，没有明确的职业规划。后来他接触到电脑，终于找到了自己的最爱，他对电脑维修、编程和各种电脑软件、硬件方面的一切知识都很感兴趣，因此他也确定了未来职业目标——创办自己的电脑公司。

　　由于罗富华电脑知识掌握得非常好，一些老师经常请他帮忙维修电脑。罗富华都能很好地完成老师交代的任务。罗富华说，他每天都很忙，白天要学习数控专业课，晚上要帮电脑老师的忙，在机房维修电脑，每天忙到晚上10点多才能休息，所以，没有手机一点也不影响他，反而让他有更多的时间学习。罗富华不善言谈，但他学习非常用功，他把全部心思都用在学习数控专业知识和电脑知识上。

　　找到了人生目标后的罗富华，学习也有了动力，对未来充满信心。他在电脑维修方面的技术已经很高了，业余时间他都在学校的机房帮助，不仅负责学校电脑的维修工作，还要辅导学生电脑考证的学习。正因为对电脑专业非常热爱，这让罗富华每天都过得非常充实和忙碌。

　　罗富华告诉我，在他们县城，还没有一家像样的电脑公司，毕业后，他打算回家乡创办自己的电脑公司，将电脑的购买及维修融为一体。我相信，找到人生目标的罗富华一定有梦想成真的那一天！

　　在技校，像罗富华这么早就确定了奋斗目标的学生并不多，所以，我对罗富华印象非常深刻。我还没有见过像他那样热爱电脑的人，对电脑的热爱几乎到了痴迷的程度，但他从不玩网络游戏，因为他没有时间也不感兴趣，他说自己要学习的新知识太多了。

　　罗富华对电脑的喜爱让我想到了比尔盖茨和李开复。他们原本不是学电脑专业的，但在追求目标的过程中，最后找到了人生最热爱的专业——电脑专业，也因此成就了他们辉煌的人生。我相信，罗富华热爱电脑专业，也一定会因此有精彩的人生！

通过罗富华的故事我们可以看到，一些技校学生原本不知道自己到底喜欢什么，追求什么，但在技校学习的过程中慢慢找到了自己最热爱的专业，那么，执著追求自己擅长和热爱的专业，通过学习不断提升自己的专业能力，那么，这些技校学生的未来一定不是梦！

第八章

学无止境

"我以前学习很好，但高考前太紧张了，结果生病了，只考上了二本B线，我不想读。家里的经济条件也不允许我复读，我只好选择读技校。我在高中担任学习委员，来这里我担任班长。一想到自己读完了高中还来读技校，心里就很不平衡，总觉得初中生读技校还可以，我高中毕业还读技校真没面子。想到以前高中同学都上大学了，他们就如绿洲一样，前途光明；而我进技校就如同在沙漠，条件恶劣。我对未来充满了担忧。和高中同学比，我很羡慕他们上大学，觉得自己读技校是错误的。我又想复读，但家里不同意。我很痛苦。我该怎么办？"

另一个学生对我说："我来技校已经一个月了，但我一直处于矛盾中，就是自己考上了大学专科不读，而来读技校，我这样选择是对还是错呢？有时我也想读完这学期再复读，再高考，因为上大学是我一生的理想，读技校我感到很自卑。看到其他高中同学都上大学，他们问我在哪里读书，我都不敢告诉他们我在读技校。我也不知道读技校以后就业到底如何。我一直很矛盾，也很烦恼，不知是否继续读下去？难道我真的不能实现上大学的梦想吗？"

技校学生难圆大学梦吗？

心结八

这两个学生面临着是重新参加高考读大学还是安下心来读技校的矛盾，这样的矛盾在不少技校学生身上都存在。很多学生从小就被教育将来一定上大学，把上大学当成人生唯一的目标，认为读技校很没面子。

当他们无奈地选择读技校后，他们把读技校当成人生学习的终点，认为现在读技校，将来当工人，一辈子都无法圆自己上大学的梦想。可人生充满变化，即使现在读技校，也并不代表将来就没机会读大学。

很多技校学生建立了终身学习的观点，他们并不认为技校学习就是人生学习的终点。很多技校学生毕业后，有的因为技能竞赛获奖后留校成为一名教师，为了提升自己，他们又参加成人高考，继续读大学；有的工作后，被单位选派进修，完成大学学历；有的一边工作，一边参加成人高考，继续读大学；有的技校毕业后还读大学，甚至读研究生、读博士。因此，学无止境，技校并不是学习的终点。如果你想上大学，工作后继续努力，你一样可以实现自己上大学的梦想！

心灵成长故事与分析二十

从军营到技校再到警官学院

根据广东省退役士兵免费技能培训工作会议的精神，从 2006 年 12 月中旬到月末，凡服役期满正常退出现役、符合广东省安置政策、能参加正常培训的城乡退役士兵，可到当地民政部门报名就读职校、技校，符合条件者将于 2007 年 3 月初入学。因此，从 2006 年冬开始，广东省退役士兵可自愿报名入读职业技术院校（技工学校、高级技工学校、技师学院；除职业高中外的中等职业技术学校、高等职业技术学院），免费接受培训，提高就业竞争力。

由于享受政府的这项政策，2007 年 3 月曾德仁成为广东省首届就读技校的退役士兵学员。曾德仁的父母是农民，家中还有一个妹妹。初中毕业后，因为家里经济条件不好，为了减轻父母的负担和压力，曾德仁决定报名当兵。

曾德仁说他从小就对军人特别崇拜。如今谈起在部队的生活，曾德仁依然非常感慨。他说当兵是他人生的一个转折点，部队磨炼了他，也成就了他，在部队他获得了"优秀士兵"、"优秀团员"等荣誉称号。

部队的锻炼和教育让曾德仁明白自己想要什么，想成为一个怎样的人。因此，当有了到技校学习的机会，他非常珍惜，努力提高自己各方面的素质。到了技校，曾德仁依然以一个军人的身份严格要求自己，把主要时间和精力用在学习上。因为表现突出，在校期间，他荣获"优秀学生干部"、"优秀团干"、"三好学生"等荣誉称号。

在技校学习了一段时间后，很多退役士兵学员盼着早点工作。当这些退役士兵陆续就业时，曾德仁却主动要求留校继续学习。因此，当其他退役士

兵学员已经工作时，曾德仁却成了唯——个留在技校继续学习的退役士兵。

虽然初中毕业后，又在部队锻炼了两年，曾德仁的基础知识比较薄弱，但他学习非常用功，一直获得"一等奖学金"。由于成绩优异，2008年曾德仁被选拔为参加广东省数控技能大赛的选手，并获得了"数控技能大赛二等奖"的好成绩。如今说起曾德仁，他的班主任谷国文老师还是非常自豪。谷国文老师说，当时作为唯一留在学校继续学习的退役士兵，曾德仁不仅对自己要求很严格，而且非常能吃苦，只要有时间，就在机床上加工产品，努力提高自己的操作技能。

左为谷国文老师，右为曾德仁同学

2008年数控竞赛结束后，曾德仁毕业了。毕业后，他先后到移动公司上过班，还在其他公司做过业务员，担任过总经理助理等职，自己曾开过西餐店，有过创业的经历。

技校毕业后的曾德仁不仅努力提升自己的工作能力，还在思想上不断追求进步。2008 年他向所在的村委会递交了入党申请书，2009 年成为一名共产党员。

一次偶然的机会，曾德仁从战友那里得知可以报名参加公务员考试，于是通过网上报了名。他购买了公务员考试的相关书籍和复习资料，着手准备参加公务员考试。那时，他放下手里所有的工作，用心学习。曾德仁认为，机会总是留给有准备的人。这么多年，虽然有过各种工作经历，但他一直养成了坚持学习的习惯，从没停止过学习。所以，当面临公务员考试时，他又全身心投入学习了。

曾德仁认为人生有很多的机会，需要我们用心把握，否则，错过了，就不会重新再来。所以，他珍惜每一个得之不易的机会。笔试通过后，曾德仁经过面试，从众多考生中脱颖而出，成为一名公务员。众所周知，公务员考试竞争非常激烈，但通过努力，曾德仁实现了自己的理想。现在，他又被单位选派到广东警官学院治安系参加政法干警的培训。

我曾经向一些在大学做宣传工作的领导请教，为什么现在大学生补考的现象比较普遍？他说因为很多大学生被父母要求考大学、考名牌大学，可考上大学后干什么，他们没有想过。到大学后，这些大学生没有方向和目标，于是补考就很自然了。因此，他希望学生要尽早设计自己的人生规划、职业规划、理财规划。

曾德仁说，他从初中毕业报名当兵开始，就一直很清楚自己到底想要什么，所以，在技校，他的想法很简单，就是用心掌握一门过硬的技术，认识一批优秀的教师；工作后，入党、考公务员，他对自己的人生规划很清楚，所以，他不会人云亦云，因为他有自己的目标，也会朝着认定的目标勇往直前地走下去！

【分析】

曾德仁的阳光、执著、勤奋好学，给老师们留下了深刻的印象，因为退役士兵学员留给我们太多的记忆。退役士兵有严明的纪律，团结性强、凝聚力强，但在技校学习时，由于基础比较薄弱，很多学员跟不上，学习不太用心，也不正常上课，但曾德仁没有随波逐流。

曾德仁说，初中毕业后，由于家庭经济困难，他选择了当兵。他知道一个普通农民家庭的孩子，除了努力做好一切，他没有优势，所以，面对任何事，他都要求自己做到最好。当有到技校学习的机会时，他特别珍惜。当别的退役士兵离开技校参加工作时，他选择继续留校学习。曾德仁说，在参加技能大赛集训的日子里，他不仅学到了技术，还从老师、教练那里学到很多做人的道理。虽然训练非常辛苦，但集训班严格的管理所形成的良好的行为习惯、团队合作意识，都是他人生最大的财富。

曾德仁认为，一个人学习基础薄弱、起点低没问题，只要能建立终身学习的理念，不放弃任何学习的机会，就可能提升自己的素质，改变自己的命运，也因此，他一直保持着学习的习惯。

他说，人生只要自己不放弃，坚持学习，就不断有学习的机会，即使不能按部就班地读高中、上大学，但并不代表自己的学历、能力就会停滞不前。因此，曾德仁认为读技校并不是人生学习的终点，工作后，还有机会继续学习。所以，他希望那些中考、高考的落榜生不要因为没读大学而后悔和遗憾。与其把时间浪费在追悔和遗憾中，不如用心努力，珍惜各种学习机会，那么，自己的学历也会跟着提升。

附曾德仁写的文章
路是脚踏出来的，历史是人写出来的

曾德仁

我来自偏远的小村庄，父母均是农民，家境贫寒。自懂事以来，父亲长年在外打工，家里的一切只能由母亲照料。平日母亲忙于繁重的农活，作为长子的我只能自觉担起照顾年幼妹妹的担子。从小我就能深刻体会到父母劳作的辛苦，所以在课余时间或节假日我都主动帮家里干些力所能及的活：下地干农活、砍柴、放牛、做家务等。这就是我的童年，没有娇宠，没有埋怨，它让我学会坚强，学会自立自强，学会感恩。

"寒风飘飘落叶，军队是一朵绿花……"这是刚进初中军训时教官教我唱的《军中绿花》，那是我第一次真正接触军人。当时什么是营盘，什么是军人，对于年少的我还没有一个真正的概念，但这首军营民谣却影响了我。

2004年6月初中毕业，我没有如愿地踏进高中的校门，但我并没为此而失去信心，没有放弃自己的梦想。而那首军歌却依然在我心中荡漾——梦想军营生活，梦想穿上绿军装的感觉。我毅然选择了军人，选择到部队的大熔炉里锻炼自己。同年12月，我顺利通过体检，穿上了军装，踏上了我的人生第一步——军旅生涯。

　　2006 年 12 月，我离开了生活、拼搏和奋斗过两年的军营。虽然我不能如愿继续留在部队，但感谢部队锻造了我坚韧不拔的意志，培养了我良好的作风。"肯吃苦，敢拼搏，不服输"的精神永驻我心。忍别人所不能忍的痛，吃别人所不能吃的苦，是为了收获意想不到的收获。军旅生涯是我人生重大的转折点，它成就了我的第一个梦想。

　　"从营房到校舍，放下枪杆子，拿起了笔杆子。"我参加了广东省首届退伍士兵技能培训，有幸成为技工学校的一员。学校位于韶关郊区的一个小城镇，没有繁华喧闹的街道，没有辉煌的灯火与闪烁的霓虹，有的只是鸟语花香、宁静、祥和的校园环境和宽敞明亮的教室。无车马喧嚣的校园环境给我一种亲切感和兴奋感。

　　"叮叮……"军号声变成电铃声，我的技校生活从这一刻开始。

　　数控专业是一个机械类专业，具有很大的发展空间，但对专业技术要求极高，不能有丝毫的偏差。初入技校的我，面对新专业，由于自身理论知识基础不扎实，知识面不广，所以在学习上遇到了很大的困难。但我并没有因此而放弃，我坚信勤能补拙。

　　法国昆虫学家、动物行为学家、作家法布尔曾说过："学习这件事不在于有没有人教你，最重要的是在于你自己有没有觉悟和恒心。"自此我制订了学习计划，平时找班主任老师谈心，向各科老师虚心请教，并利用中午休息时间到课室学习，努力巩固学过的知识，查漏补缺。随着时间的推移，功夫不负有心人，我赶上了其他同学，并走到了班级的最前列。在校期间，我还担任学校学生会干部、纪检部副部长，班级的团支部书记。课余时间我没有放弃对知识的探索，除了专业外，我还自学电工、PLC 控制，数铣、线切割、电焊工等专业，以此来提高自身综合素质。

　　技校生活让我学到了知识，锻炼了我的意志，磨炼了我的心志，使我在困难面前更能坚定信念勇敢拼搏。很多人都说读技校没出路、没前途，但我并不这样认为。我相信只要珍惜时间，充分利用在能力的提升方面，终会有所获。只要路是对的，就不怕路远。有了一技之长，走出校门走上社会，终有属于自己的一席之地。

社会科技的快速发展，这对于技校学生来说是一个挑战。如何学习，如何提高自身能力和综合素质，如何应对就业上岗，成为社会适用型人才，这是值得我们技校学生深思的问题。"师父领进门，修行在个人"，技校是学习技能的地方，对于如何学习，如何成就辉煌人生，做到"爱一行、做一行、钻一行"得看个人的修行和自己所下的工夫。

2008年技工学校毕业，我做过司机、仓库管理员、移动公司资产管理员、公司总经理助理，业务员等，一路的坎坷、挫折、汗水和泪水抒写着我的人生。我坚信："路是脚踏出来的，历史是人写出来的。"困难是人生的绊脚石，是通往成功的里程碑。只要坚定信念，只要努力，就能成就不一样的人生。只要我还有梦想，起步的跟跄又有何惧怕？每个人的生活都不是一帆风顺的，遭遇挫折是你必需的朋友。人生处处充满挑战，并不在于你处于什么位置、什么环境，而在于你如何应对环境，如何去改变和创造适合你自己的环境，这就需要勇气和信心，树立自信心至关重要！

每一条河流都有自己不同的生命曲线，但是每一条河流都有自己的梦想，那就是奔向大海。不管黄河是多么曲折，绕过了多少的障碍；长江拐的弯不如黄河多，但是它冲破了悬崖峭壁，它们都用不一样的方式，最后都走到了大海。

当我遇到困难时，不管是冲过去还是绕过去，只要我能过去就行。我希望技校生能使自己的生命向梦想流过去，像长江、黄河一样流到自己梦想的尽头，进入宽阔的海洋，使自己的生命变得开阔，使自己的事业变得开阔。但是并不是我们想流就能流过去，这需要具备水的精神。

我们的生命有时候会是泥沙，尽管我们也跟着水一起往前流，但是由于我们个性的缺陷，面对困难的退步或者胆怯，我们可能慢慢地就会像泥沙一样沉淀下去，一旦沉淀下去，也许就不用为前进而努力了，但是你却永远见不到阳光了。沉淀了下去，上面的泥沙就会不断地把你压住，最后你会被埋没。所以不管现在的生命是什么样的，我们一定要有水的精神。哪怕被污染了，也能洗净自己，像水一样，不断地积蓄自己的力量，不断地冲破障碍，当我们发现时机不到的时候，把自己的厚度给积累起来，当有一天时机来临的时候，我们就能够奔腾入海，成就自己的生命。

如今，我成为一名人民警察，人生还在继续，永恒不变的是信念。不满是向上的车轮，唯有不满，才有追求；唯有不断地追求，才能不断地进步。每一个成功者都有一个开始。勇于开始，才能找到成功的路！

从技校生到博士生

"我是一个技校毕业的学生，通过努力拿到了专科学历，又读了本科、研究生，前几天被上海交通大学录取为博士生。"谈到梦想，柯顺魁十分感慨："人生的意义就是一个梦想连着一个梦想，完成一个梦想的同时，也是另一个梦想的开始。"

柯顺魁出生在南京一个普通工人家庭，成为博士生时他已28岁。1995年中考结束之后，他没有考上当地的重点中学，选择进技校学习。技校毕业后，他被分配到父亲所在的选矿厂做钳工。"上班以后，看到原来初中的很多同学都考上了大学，我很羡慕。"柯顺魁下定决心要参加成人高考，此后很长的一段时间里，他开始了"半工半读"的生活。2000年5月，他通过不懈努力，考上了南京理工大学的专科，两年以后，他又考上了南京信息工程大学。2004年本科毕业后，他考上了青岛科技大学的研究生。

2007年，柯顺魁准备再次在学习上更进一步的他遭遇了挫折，"当时考东南大学数学专业博士研究生差10多分，留下了遗憾。今年3月份，我参加了上海交通大学的博士生考试，这次，我终于如愿以偿。5月15日，我从上海交通大学网站上得知了被录取的消息。"（资料来源：半岛网2009-05-25《技校学生考取上海交大博士 不断奋进只为圆梦》）

另一个是与柯顺魁有着相似经历叫梅傲的技校生。17岁的梅傲从技校毕业后被分配到热电厂工作，做起了锅炉工。工作5年后，梅傲决定到外面去学习、充电。2004年，在西南政法大学，22岁的梅傲参加了成教学习。获得专科文凭后，2006年，梅傲报名参加了法律本科的自考，在9个月内通过了本科自考所有课程的考试。之后，他又开始朝着考研的梦想前进，最终成为西南政法大学的研究生。此后，他又继续攻读博士学位。他参加了考试，以该专业笔试、面试总成绩第一名的成绩，顺利被录取为博士生。

就如梅傲说的："在我看来，成功有三个关键词：一是计划，有长期和短期的规划；二是努力，有通向梦想的执行力；三是自信，相信只要努力，自己就能行。"（资料来源：三元论坛《技校生读博士，野百合也有春天》，付星，2011-9-5 09：41）

柯顺魁和梅傲都是初中毕业后读技校的学生，他们最终通过自己的努力，实现了自己读大学、研究生、博士生的梦想。

【分析】

不少技校生，都有一个梦想，渴望上大学。当进入技校时，很多技校生总是带着无限的遗憾。如果你希望圆梦，也许柯顺魁和梅傲的故事可以给你一些激励，但前提条件是你的家庭有足够的经济能力支持你，你自己也要有足够的力量去为梦想奋斗。因为完成大学、研究生甚至博士生的梦想需要付出很多的努力以及常人难以想象的艰辛。

没有谁的人生可以一锤定音，读技校也不是我们求学生涯的终结。不少技校学生毕业工作后，由于种种原因而重新求学。如通过努力，实现自己上大学、读研究生、博士生的梦想。有的技校学生工作后，由单位公派读大学或研究生、博士生。所以，技校学生不要因为自己没上大学而遗憾。只要你不放弃梦想，你就可以实现自己上大学、读研究生甚至博士生的梦想！

技校不是人生的学习终点

很多技校学生尤其是那些高中毕业读技校的学生，他们总因为没有上大学而备感遗憾，特别羡慕大学生。可通过曾德仁技校毕业后，又去广东省警官学院学习；柯顺魁和梅傲技校毕业后成为博士生的故事告诉我们：有梦就有梦想成真的一天，问题是我们要有朝着梦想不断努力的决心！通过他们成功的学习经历，我们不要简单地认为读技校就是我们学习生涯的终点，终身学习才是我们正确的选择。也因此，选择读技校时，我们不要过于纠结于自己无法上大学的梦想，而应该在技校努力学习，因为学无止境，技校毕业后，还有继续学习的机会。

就如技校生刘玉璋对我说的，当年高考结束时，他因为考上大专没去读而选择了技校。当时他非常伤心，认为没考上好的大学很遗憾，也很痛苦。可高考过去几年后，他对人生和社会有了更多的认识，他说上大学没有想象中那么重要。因为他接触了很多优秀的技校毕业生，他认为即使没上大学，将来也会很有出息，因为工作后有很多学习机会，如果想上大学一样可以，所以，对于高考没有考上好大学，刘玉璋认为并不是人生的失败。

因为人生求学之路很长，工作后学习的机会还有很多。因此，技校学生不要盲目羡慕大学生。其实，求学的方式很多，关键是你要有一颗执著的心和奋斗的目标。只要你不放弃梦想，就有让梦想飞翔的机会！所以，技校学生完全可能实现上大学的梦想。

很多优秀技校学生毕业后留校担任实习指导教师，他们中的很多人通过自学考试或成人高考读电大、夜大、函大等等，继续追寻大学的梦想。一些技校学生，读完大专后，又参加专升本的学习；获得本科毕业证后，又读研究生、博士生，所以，只要我们有梦想，有实现梦想的计划和行动，就会有梦想成真的一天！

我们看到，那些技校毕业后考研或考博的技校学生，他们通过努力获得了最后的成功，但在考研的过程中，他们付出了很多的艰辛。他们几乎没有休息日，没时间看电影、看电视，他们把全部的时间都用在学习上。他们的家庭也为他们提供了非常大的经济支持和精神支持。他们非常用功，有顽强的意志，这并不是所有的人都能做到的。尤其是一边工作一边学习，这种半工半读的日子，是非常累的。

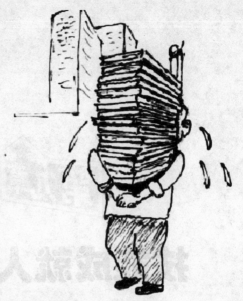

因此，在这里也提醒技校学生，如果你没有吃苦拼搏的决心或较强的意志力以及良好的学习能力，那么，不要一味地为了实现上大学的梦想而脱离现实。因为读大学或是考研，需要多方面的付出。一方面，我们个人需要有勤奋刻苦学习的决心；另一方面，我们还需要家庭有足够的经济实力支持你，否则，靠你孤军奋战很难成功！因此，选择技校毕业后再读大学、研究生或博士需要慎重，而不是仅凭你有这个决心就够了，还要有其他相关的条件，并不是所有的人都适合去挤考研这座独木桥。

有个女学生技校毕业后，因为和男友分手，心情很糟，于是打电话向我咨询，她说上大学是她唯一的梦想，现在和男友分手了，她的心情很不好，所以希望再去读高中，实现上大学的梦想。可她的父母已经60多岁了，在家务农，还有一个精神分裂症的哥哥，而且她原来的学习成绩也不好。她只是因为想逃避失恋的痛苦，才想继续去读高中、考大学。于是，我和她一起分析，最终她放弃了上大学的梦想，而是重新找了一份工作，负起了帮助家庭的责任。所以，并不是每个人都适合去考大学、考研究生。

当然，现在很多技校与大学联合办学，技校学生在取得技校毕业证的同时，也可以获得大学毕业证。另外，很多技校学生毕业后，由于工作需要，为了提升自己的能力和学历，继续参加自学考试或函大、电大、夜大的学习，以获得相应的大专毕业证。所以说，技校并不是学习的终点站，终身学习才是我们成功和成才的必经之路！

技能成就人生

咨询室走进来两个男生，他们说没有学习的动力，每天很无聊，什么都不想学，什么也不想做，睡觉也睡不着，心里非常烦恼。他们认为读技校不如大学生有出息，看不到希望和未来。他们很羡慕参加高考的学生，虽然他们很累，但他们有人生目标。可自己读技校，将来做工人，干最苦最累最脏的活，收入又低，学了又有什么用呢？所以每到上课时就发呆，在实习工厂也提不起精神，连操作机床都没兴趣，整天浑浑噩噩地混日子，好累呀。他们说自己每天无聊透了，虽然也想读书，但读不进；想运动，又懒得动，好烦呀。

这两个男生告诉我，到周末他们就通宵上网，在游戏机上打发时间，因为太无聊太空虚了。虽然知道这样不好，而且上网花钱很多，每个月家里寄来的钱不够用，他们非常希望能改变自己，但又没有决心和毅力改变自己，感到这样活着一点意思也没有，好痛苦好累。

我从事技校心理咨询10年，看到很多二年级的学生会感到技校的学习和生活非常无聊，为此前来咨询的学生很多，尤其实习班的学生，他们因为实习任务不饱满，备感无聊和烦恼。他们告诉我每天按照老师的布置完成任务后，还有很多时间，虽然实习设备也够用，就是不愿意再做了。学生坐在那里玩手机，也不想讲话，晚上回到宿舍，睡觉时转辗反侧难以入睡，有的甚至沉迷于网络游戏，上网使他们的经济受到很大影响，甚至连正常的生活都不能保证。

这些技校学生没有学习的动力。他们认为将来当工人没出息，学得再多再好又怎样呢？还不是当工人，还不是被人看不起、收入低、没前途？因为看不到未来和方向，他们认为学与不学都一样，所以，认为读技校没出息是很多技校学生的心结。

读技校没出息吗？

心结九

一次我在一个实习班上晚自习。全班40多人，只有两三个人带了笔和

第九章

技能成就人生

纸；多数学生什么都没带，桌上是空空的；他们坐在教室发呆或玩手机，盼着早点下课。

不少实习的学生，他们说白天实习内容不多，很快完成任务，然后就没事做；下课了，更没事干，书也不想看，电视也没兴趣看。电子商务专业的女生告诉我，她们上课听不懂，经常走神，爱胡思乱想，对读书没兴趣；下课了，整天玩手机，无聊得很。有些学生甚至对我说，不要说他们考试作弊，现在他们连考试都懒得作弊了，就等着补考。

一次考试，有个学生连笔都没带，从考试开始就一直趴在桌上睡觉。我叫醒他，他借了同学的笔，在试卷上写了自己的名字后，又继续睡觉，因为他昨晚通宵上网。

不少技校学生认为读技校没有出息，学了也没用，因此，干脆不学算了。读技校真的没出息吗？答案显然是否定的。"三百六十行，行行出状元"，技校学生也一样可以成为行业的状元。在下面的心灵成长故事中，有技校毕业后自主创业做钢材生意的老总，有成为技师学院的院长，有身价超过千万元的富翁，还有技能竞赛获奖的优秀技校毕业生！

他们用自己成功的经历告诉我们：技校学生并不是没有出息，他们不仅有出息，而且，他们还能成为行业的状元！他们用自己成才的故事告诉我们：学历不等于能力，技能一样可以成就人生！只要我们能坚定信心，通过拼搏和努力，我们一样可以成为同行中的状元！

心灵成长故事与分析二十二

做钢材生意的男生

我大学毕业后到技校工作，1993 年当班主任。小华是我班的学生。小华身高一米八，偏瘦，和同学之间关系很好。一天，他向我借钱，因为他过去从没向我借钱，我也没多问他原因，就借钱给他了。他答应我一个星期后还，但我没在意，因为他平时很听话。

一星期后，他按时将钱还给我。做班主任期间，有不少学生向老师借钱。我也曾多次借钱给学生。有些学生能及时还，但有些学生借钱后常常不还。因为数额不大，老师常常不好意思向学生要。一些学生甚至毕业多年后也没将钱还给老师，但小华很守信用，这给我留下了深刻的印象。

小华学习并不是非常突出，但对于班上的活动，他都能积极配合。毕业后，小华去了深圳工作。对于小华，我没有特别关注过他。虽然他个子很高，但体育不突出，学习成绩也一般，除了显得比一般学生成熟、随和之外，他没有特别的优势。

后来，学校对毕业生跟踪调查，小华被列为最有成就的优秀毕业生之一，因为毕业后小华很快做到了深圳某知名品牌电器公司的销售主管，年薪高达几十万元。我们老师那时的月薪也就上千元，但他的月薪比我们的年薪还要多。在20世纪90年代，这样的收入是非常高的，特别是技校毕业生有这样高的收入，是很少见的。此后，学校领导和老师多次去深圳，小华都能主动招待他们。

写这本书时，我主动和小华联系。因为在学校我对他了解不多，只知道他是矿工子弟，父亲是矿山工人。他告诉我，他是老大，还有两个妹妹。因为自己在销售方面有经验，技校毕业后他一直担任公司的销售主管。2004年至今，他和人合伙做钢材生意，现在他有了自己的钢材销售公司。

他开玩笑说，自己很一般，并没有什么特殊的成绩，也就是善于社交，人际关系不错，在销售方面比较有经验。现在他做钢材生意，成立了自己的公司，在他们公司大学生、研究生很多，而他，一个技校学生却领导着这些大学生、研究生。

小华没有任何家庭背景，他的父亲是一个普通工人，他能取得今天这样的成就完全靠他自己。

【分析】

小华技校毕业后，由学校分配到深圳某知名品牌公司做一名普通工人。后来他成为该公司的销售主管，靠的是他个人的能力以及销售业绩，父母和亲人并没有帮他任何忙。后来，小华成立了自己的公司，并将家中的两个妹妹也带到深圳工作。我认为小华的成功是因为他的情商很高。小华在学校时学习成绩一般，但工作后，他人际关系较好，情商发挥了很大的作用。

美国心理学教授丹尼尔·戈尔曼（Goleman）在其《情感智力》一书中，第一次提出了情商（emotional quotient，EQ）这一概念。情商是相对于智商（IQ）的一个概念，是情绪、情感商数的简称，也是情绪评定的量度。心理学认为，情商即情绪商数（EQ）是测定和描述人的情绪情感的一种指标，是指个人对自己情绪的把握和控制，对他人情绪的揣摩和驾驭，以

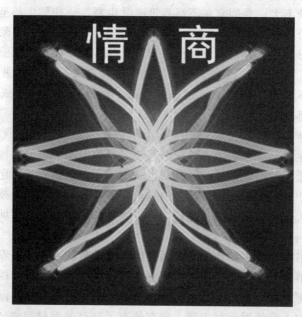

及对人生乐观程度和面临挫折的承受能力。它包括了以下五个主要因素：自我意识、情绪控制、自我激励、人际沟通、挫折承受能力。情商的高低反映了一个人及时有效处理情感情绪水平的高低。

戈尔曼指出："情感智商包括了热忱、坚持，以及自我鞭策的能力。"戈尔曼将情商理解为：怎样激励自己越挫越勇；怎样控制冲动、延迟欲望满足；怎样调适情绪，避免因过度沮丧而影响理性思维；怎样设身处地地为他人着想；怎样对未来永远充满希望。戈尔曼认为，情商（EQ）是人类最重要的生存能力，他曾说："人的成功等于 20％的智商加 80％的情商。"

所以，我认为小华的成功和他的情商直接有关。这也给了我们技校学生一些启示：也许我们的智商不高，但如果我们的情商较高，那么，我们也一样有成功的机会！因为成功不仅与智商有关，与情商的关系更加密切。为什么有人悲叹怀才不遇？为什么有人感慨老天不公平，自己这么聪明怎么没有成就？为什么有人说千里马常有，而伯乐不常有？这是因为情商对一个人的成功起着至关重要的作用。所以，技校学生的智商也许不高，但很多技校学生的情商非常高，因而他们更有机会获得事业的成功。

之所以写小华的故事，是因为我认为技校学生虽然学习成绩不好，智商可能不高，但这并不代表他们一无是处，因为他们的情商可能较高。就如小华，虽然学习成绩一般，体育方面也没有突出的表现，但他成熟、稳重，善于处理人际关系，在销售方面有天赋。毕业后，他善于发挥自己人际交往的优势，最终成为公司的销售主管。虽然他只是一名普通的技校学生，但他手下的销售人员有大学生、研究生，所以，不要认为技校学生就一定不如大学生，也不要认为学习成绩不好，自己就一无是处。只要有其他方面的优势和特长，技校学生一样可以成为一个能干、精明的领导，也一样能拥有辉煌的未来。

越来越多的人崇尚多元化成功的理念，相信人应具有多方面的能力，而不仅仅依靠学习能力来判断一个人。技校学生，很多因为学习成绩不佳而常常被老师和家长否定，其实我们要正确理解人的能力。

美国哈佛大学的教授、著名心理学家霍华德·加德纳博士提出了著名的"多元智能理论"。他说每个人至少存在 8 种智能：语言智能、逻辑-数学智能、音乐智能、视觉空间智能、身体运动智能、自省智能、人际交流智能和自然观察智能。每个人的智能结构不同，优势也就不同。绝大多数人并不存在显著的智力水平的差异，只有不同的智力优势、组合与发展速度上的差异。多数人都在一两种智能方面有突出的差异，每个人都有相应的成功领域。一个人能否成才，很重要的原因是看你能否发现自己的智能优势，并能发挥这个优势。

小华的事迹似乎没有特别感人之处，他说到做销售主管以及现在自己的公司都只是轻描淡写，但我依然非常感动。首先，小华有能力做到深圳一家上市公司的销售主管，以及现在拥有自己的公司，这足以证明技校学生一样有能力，甚至可以成为大学生、研究生的领导。

其次，我认为做销售工作的人非常优秀。因为销售要和人打交道，没有很强的人际交往能力以及必要的心理学知识，是做不好销售工作的。有一本书名为《做人做事做推销》说的是人一生都在做推销工作，既要推销自己的产品，也要推销自己。一个人如果能把销售工作做好，他一定不是一般的人。

另一个技校毕业后做销售的女生晓梅。她告诉我说她招聘的销售人员，有很多大学生、研究生。他们刚毕业没经验，脸皮又薄，不懂销售心理，销售业绩还不如技校学生。晓梅说，做推销要学很多东西，特别是心理素质对工作有很大的影响。而且，做推销和人打交道，要学很多知识。所以，我相信如果技校学生能把销售工作做好，那么其他工作也一样可以做得很好。

小华的故事虽然很简单，但反映了很多技校学生的现状。小华在技校是一个非常普通的学生，除了个子高以外，没有特别突出的优势。他学习成绩一般，体育也不是很好，几乎没有老师关注过他。可毕业后，和很多大学生比，他非常成功。

所以，通过小华的故事，我想告诉每个技校学生，虽然你在技校不是很优秀，或许学习成绩不好，其他方面似乎也没有特殊的优势，但这并不代表工作后，你无法成为最优秀的。只要你善于发掘自己的潜能，从事自己擅长的领域，那么，你一样有成功的机会！就如小华，他有做销售的潜能，技校毕业后，他一直做销售，做到了上市大公司的销售主管，现在又有了自己的公司，做钢材生意，成为公司的老总，所以，技校学生也能取得事业的成功，甚至成为同行中的状元！

每个人的天赋不同，擅长的领域不一样，不要因为我们学习成绩不好，就完全否定自己。只要你善于发现自己的潜能，做自己最擅长的事，就一样有成功的机会！但这一切的前提是发掘自己的长处，做自己最擅长的事，那么技校学生也一样可以成功！

阅读链接

做自己最擅长的事

最近看《咏乐汇》采访俞敏洪的节目，我深有感触。俞敏洪现任新东方学校校长、北京新东方迅程网络科技有限公司董事长等职，被媒体评为最具升值潜力的十大企业新星之一、20世纪影响中国的25位企业家之一。

1980年俞敏洪考入北京大学西语系，1985年从北京大学毕业后留校任职。1991年9月，俞敏洪从北大辞职，进入民办教育领域。1993年11月16日，俞敏洪创办了北京市新东方学校，担任校长，从最初的几十个学生开始了新东方的创业过程。截止到2000年，新东方学校已经占据了北京约80%，全国50%的出国培训市场，年培训学生数量达20万人次。

俞敏洪的成功让我们相信，人一定要做自己最擅长的事。正是因为他在大学和工作后，一直在自己最擅长的领域发展，最终他取得了惊人的成绩。

《犹太人的成功智慧》（马天编，赤峰：内蒙古科学技术出版社，2007.3）说爱因斯坦在16岁时就明白，知识的海洋浩瀚无边，自己不宜在这海洋里无方向地飘荡，避免耗费人生有限的时光，应该选定一个对自己最有利的目标扬帆前进。于是，他了解到自己总成绩虽然平平，但自己的物理、数学成绩较好，因而确定了大学时学的是物理专业，在物理学领域发展，最终成为伟大的科学家。

1952年，以色列第一任总统魏慈曼逝世，鉴于爱因斯坦科学成就卓越，声名显赫，又是犹太人，就邀请他接受总统职务。但他婉言谢绝了，并坦然承认自己不适合担任这一职务。正因为爱因斯坦有自知之明，认为自己不适合担任总统，而是一直朝着自己认定的科学领域的目标前进，才有了举世瞩目的成就。

确实，爱因斯坦是一位伟大的科学家，这是他终生努力奋斗才实现的目标。如果他当上总统，那他未必就会有多大建树，因为他在这方面从未显示

出过人的才华。

爱因斯坦懂得自己不擅长做领导，因而拒绝了做总统的邀请，而专心做他的科学家，在自己擅长的领域发展。因此，首先我们要了解自己，寻找自己最擅长和最感兴趣的事，然后朝着这方向发展。如果我们能越早对自己进行职业规划，越早发现自己的长处，就对自己的成功就越有帮助！

因此，技校学生应该根据一些关于职业指导或职业规划方面的书，发掘自己的优势和强项，避开自己的弱点或缺陷，然后做自己最擅长的事，这样才能更有成就，更容易获得成功！

心灵成长故事与分析二十三

 身价上千万的技校学生

石磊的父亲是普通工人，母亲务农，非常勤劳。他们非常重视孩子的教育，希望每个孩子都能上大学。20世纪80年代读大学是免费的，而且包分配。石磊是老大，他带了个好头，名牌大学毕业后留在一所著名的医院当医生，虽然不算富裕，但日子过得很安稳。妹妹最小，但最会读书，她和丈夫都是博士毕业，原本留在大城市一所名牌高校当老师，后在二哥石钢的帮助下成立了自己的公司，收入比较高，但工作很辛苦，而且压力也挺大。

石钢在家排行老二，读书成绩一般。父母虽然对他有些失望，但看到石钢在待人接物、为人处世等方面表现不错，人际关系很好，口才也很好，体育也不错，就很少责备他。父母虽然读书不多，但对每个孩子都很尊重，所以，父母也接纳了石钢不善于读书的事实。高中毕业后，父母让石钢读技校，希望他掌握一门技术，将来能养家糊口。

实际上，石钢除了学习成绩不拔尖外，其他方面真的非常优秀。首先，他身高一米八，长得一表人才；其次，石钢是学校的篮球明星，投篮命中率非常高，成了女生崇拜的偶像；再次，石钢的知识面很广，他喜欢读历史、人文、哲学、营销学等书籍，只是这些知识不是高考的内容。他很反感死记硬背的考试，他喜欢看自己感兴趣的书。在学校的演讲比赛中，他经常拿第一名。他还特别喜欢跳街舞，女生经常为他欢呼。

石钢技校毕业后，分配到一个国营企业。因为相貌堂堂，口才又好，他成为一名销售人员。这份工作，对于石钢来说真是得心应手。所以，他的销售业绩是其他人根本无法比的。他的收入也随着销售业绩而上升。

工作后，他认识了也是技校毕业的女友。一年后，他们结婚了。后来，石钢成为厂里销售科的科长，后来又做了分管生产和销售的副厂长。

国营企业改制，企业公开招聘承包人，要求承包者要有一定的资金，并通过演讲来竞争，而且还要厂里工人进行投票。石钢口才好，演讲自然不成问题，而且，石钢为人大气，人际关系很好，所以，工人对石钢经营工厂非常放心。那时，石钢有很大的一笔存款，再从银行贷一部分款，石钢非常顺

利地成为这个国营企业的厂长。

石钢接手这个企业时，虽然销售较好，但因为搞基建和添置新设备，欠银行不少贷款。由于有多年管理生产和销售的经验，石钢从抓销售开始，再健全各种制度，同时抓生产和管理等工作，工厂不断赢利，工人的收入也逐年上升。石钢认识的人很多，那时在江浙一带的娱乐城非常红火，所以，他又和朋友一起做起了房地产生意，买地建娱乐城，投资的回报也很快。一晃技校毕业近20年，石钢现在已是身价几千万的大老板了。

富裕后的石钢，想到了自己的家人。他每年给父母不少钱，还将娱乐城的部分股份给了哥哥，并给侄子在杭州买了一套房子。在石钢的赞助下，妹妹、妹夫也有了自己的公司。

石钢是20世纪60年代出生的，他总结自己成功的原因是赶上了好机遇和好政策，而且投资方向正确。石钢说，这一切和朋友多、信息准确有关。他说，一个人要成功，首先要学会做人，多交朋友，因为人脉关系对事业成功很重要；其次，他认为一定要了解我国的国情。

石钢虽然只是读了技校，但由于工作后做销售工作，结识的朋友多，人脉关系好，又有政策扶持，因此取得了较大的成就。所以，只要你肯努力，你丰富的阅历也是财富，即使学历不高，但只要善于捕捉机遇，也一定能有好的发展。

【分析】

石钢是我见到的技校学生中最富有的人之一。石钢在自己富裕的同时，首先保证的是厂里工人的收入逐年上升。石钢对我们说，一个人要想富裕，不能私心太重。如果你想把挣的钱都放进自己的口袋，那么，你的口袋很快就会空了。只有你把挣的钱给更多人分享，更多的人都愿意为你服务，你才能财源滚滚。所以，你发达了，要想到是谁为你创造了财富。

石钢认为，在工厂，财富是工人创造的，所以，你只有不断提高工人的收入，让他们的生活都富起来了，他们才会为你干活。工人的要求不高，他们最关心自己的腰包是否装得更满。所以，你不能独吞所有的财富，要优先考虑提高工人的福利待遇。如果有条件，还要考虑其家属和子女的就业等问题，让工人感到离开了这个企业，再也找不到这么好的单位，这样，才能留得住有技术的工人。其次，在工厂，销售人员最辛苦，因此，销售人员的收入一定不能少。但企业要发展，最重要的还是产品质量过关，不要因为产品质量问题总被顾客投诉。另外，产品的售后服务也要到位。把顾客的利益放在第一位，把产品的质量作为企业的头等大事，同时兼顾工人的利益，那么企业没有做不好的。

石钢说，做生意这么多年，他看过很多破产的经营者，就是因为私心太重。赚了10元钱，10元都是自己的，这样的人注定要是失败的。而且，我国各种法律制度越来越健全，如果做不到诚信，生意很难做强做大。做生意和做人一样，如果做人都做不好，那么生意也肯定做不好。

石钢说自己做房地产生意和娱乐城的生意，主要是看准时机，还有准确的信息，而这单靠一个人是做不到的。所以，在作重大的决策时，需要集体的智慧，因此，人脉关系非常重要。

石钢说，自己挣钱是为了证明自己的能力。哥哥和妹妹学历高，能力强，自己虽然技校毕业，但他们对他也很尊重，父母也认为他很有出息。石钢说，他对钱看得不重，也不认为这些钱就是自己的，所以，有了钱后，他首先给工人发住房补贴，让每个工人都有能力购房，还给他们发购车补贴，不同的岗位补贴不同。所以，他们厂的工人有房有车的很多。而且，他还给工人的孩子发上幼儿园的补贴，每月补贴几百元。有了这么好的福利待遇，没有工人愿意离开他们厂。

其次，自己富裕了，也要让家里人富起来。所以，他每月给父母钱，带父母出国旅游，让哥哥和妹妹都享受他富裕后的好处。他给哥哥娱乐城股份，哥哥每年可以分红。他为侄子在杭州买房子，这样哥哥也就没有后顾之忧了。而且石钢说等哥哥的儿子大学毕业后，他要带着侄子一起干。他说把侄子带好了，他也就退休了。因为现在已经有几千万，他也想休息了。他帮助妹妹创办公司，让他们凭自己的能力挣更多的钱。一个人富裕了没意思，如果能带动家里人都富裕了才有意思。这就是石钢的想法。

石钢对妻子非常好。妻子有了孩子后做全职太太，和石钢的父母住在一起。石钢说，男人要想事业成功，一定要让家庭和谐，不要后院起火。所以，他很爱妻子，而妻子和石钢父母关系很融洽。妻子很信任他。石钢说，看到太多生意上的朋友，因为外遇弄得妻离子散，最后生意也无法继续。"家和万事兴"，这句话对做生意的人很重要。

我们看到，虽然石钢技校毕业，但他却是一个非常成功的人。他让我们感动的原因是，他富裕了，也愿意让身边的人都富裕起来。所以，他给工人很好的福利待遇，他给家里的父母、哥哥、妹妹很多的经济帮助。他说，钱只是在他手中转，自己需要的不多，所以，石钢的成功和他正确的人生理念有关。

作为20世纪80年代的技校学生，石钢是成功的。我做咨询时，遇到不少高中生读技校，他们说初中毕业后读技校还可以理解，但高中毕业后读技校就亏了。所以，不少高中毕业后读技校的学生，总是很迷茫、很困惑，有些甚至总幻想重新去参加高考，以实现他们上大学的梦想。这些高中毕业后读技校的学生，他们入学后，经常处于是重新参加高考读大学还是安下心来读技校的矛盾之中，因为他们从小就被教育上大学才是人生成功之路。可从石钢的故事中我们明白：任何一种选择都可能成功，这与你的能力有关，却与你的学历没有必然的联系。

人的一生充满了变化，即使你现在读技校，也并不代表你不能获得成功！一个人的成功不仅仅取决于自己的学历，还取决于其他因素。高学历并不代表成功。读技校也有像石钢一样成功的人，关键还是在于你自己！

高中毕业后，读技校还有意义吗？

一些没有考上大学或没考上自己想去的一本、二本的高中毕业生，他们中的一些人无奈地选择了技校。他们认为，初中毕业后读技校还说得过去，高中毕业再读技校，一点意义也没有。尤其9月开学，10月国庆节放假回家，遇到那些上大学的高中同学，听他们说大学生活丰富多彩，就更加羡慕他们；再听他们说，高中毕业后读技校没必要；再想想在技校自己好像没学到什么知识，不如早点去打工。于是，他们内心有很多矛盾和徘徊，有很多犹豫和迷茫。他们认为自己读技校是错误选择，是浪费时间和精力。

高中毕业后，读技校真的没必要？没意义？技校学生真的没有前途和未来吗？目前，不要说技校学生，就是大学生，找工作也非常困难。据统计，我国目前有几百万大学生找不到满意的工作，不少大学生毕业后选择再读技校。我校也有学生是大学毕业后找不到工作，又来读技校的。

一些学生认为读技校没有学到有用的知识。在技校，能否学到有用的知识，关键在自己。一个人工作后，还需要在单位或社会上继续学习，不能仅靠学校所学的知识就能满足将来需要。工作后，能用到你所学知识的20%已很不错了，终生学习才能让自己不被社会淘汰，仅依靠学校所学的知识想一劳永逸是不可能的。何况自己未来的工作很难做到一锤定音。参加工作后，由于很多原因可能会变换工作或改变工种。因此，现在所学的不一定能完全适应将来工作的需要。虽然现在所学的知识，将来不一定全部用到，但任何知识都可以为自己服务，而且学习的过程，也是提高自己的过程；学习的经历，也可以让自己成熟和长大。任何经历，都可以带给自己益处。技校学习经历也一样会带给自己收获。

目前，我国就业竞争激烈，找工作不容易，多一个文凭、多一个毕业证、多一点专业知识，就多一条就业的途径。如果自己只有高中毕业证，也许可以找到工作，但很难找到满意的工作。现在读技校，多数是推荐就业。学校会尽量考虑将学生分配出去。学校联系的单位比个人找的单位要可靠。如果盲目地认为高中毕业后应直接去打工，那就业机会会少一些。同时，在技校考中级工或高级工等级证，比在社会考试要有保障一些。随着我国就业制度的完善，要求用人单位必须先培训后就业，要求工人要持证上岗。这就更说明，技校学生比高中毕业生更受用人单位欢迎。如果遇到劳动部门的检查，一些没有职业资格等级证的工人会首先被炒鱿鱼。

一些高中生对技校学习的理论或实际操作知识不满意，认为学的知识将来用处不大。一个人无论是进了大学还是技校，能否学到有用的知识和自己有很大关系。有的人在名牌大学如果不努力，一样什么也学不到。有些人在技校反而认为自己能学到了很多有用的知识。我前段时间去北京学习，就遇到个别考上名牌大学后因沉迷网络游戏导致十多门功课要补修的大学生，他们连毕业证都拿不到。正如有人说的，进大学或技校只说明你进了一个大门，进去后，能否学到知识还是靠你自己！如果我们在技校，不受别人影响，有自己的人生目标，充分利用学校现有的阅览室、图书馆和教学设施，用心学习，一样可以学到有用的知识。这些知识不仅仅是学校要求掌握的理论或实际操作知识，还应包括人文知识、为人处事知识、演讲知识及心理健康知识等。

我们经常说智商和情商，一个人的成功70%～80%依靠一个人的情商，智商仅占20%～30%。现代社会，成功更多的是依靠我们处理人际关系的能力、团队合作意识、独立处理问题的能力、遭遇挫折打击的心理调适能力，而不仅仅依靠你的学习能力。多元化的成功观告诉我们，学习成绩只是其中一种能力的反映。

无论是上大学还是读技校，能否获得成功，取决于是否有明确的人生目标，是否能坚定地朝着认定的方向执著地追求。如果我们整天胡思乱想，思考读技校的必要性，这样做，除了浪费时间，将一无所获。如果我们把时间浪费在犹豫、徘徊和矛盾之中，不能静下心来做好眼前的事，那么读大学和读技校都无法获得我们想要的生活。

人生有三个时间段，过去、现在和未来。昨天已经过去了，今天只做今天的事，明天的事不要考虑太多。

已读技校的高中毕业生要明白：高考只是人生很短的一部分，高考的失败不是人生的失败！如果你们总为高考的失败念念不忘，耿耿于怀；又常常对自己读技校感到失望和悲伤，认为自己前途渺茫，将时间浪费在追悔、懊恼、失望、犹豫之中，就无法把握今天！一个人要想成功，唯一能做的就是把握今天！只有这样，我们才能走出昨天，开创明天！一个人如果患得患失将无济于事，还会失去今天。人生最重要的就是把握今天！

大学生有大学生的精彩，技校学生有技校学生的辉煌！故事中的石钢，虽然是技校学生，但却成为千万富翁。中央电视台第十频道《状元360》每天都向我们展示高技能人才精彩的技能表演，他们成为人们心中学习的榜样。因此，技术工人一样能创造辉煌的人生！

很多优秀技校学生，他们在技校学习演讲、舞蹈、绘画、摄影；他们参加学生会竞选，参加文学社、武术协会、摄影协会、舞蹈协会；他们过得很充实，很快乐，他们感到自己在技校也很有收获！

无论是读技校还是上大学，关键要懂得调整自己，正确定位，坚定信心，找准自己的人生目标。患得患失、犹豫不决、不能果断作决定，这都是成功人士忌讳的品质。一个人常常犹豫不决，容易受身边人的闲话的影响，这个人就不自信。如果你作决策时总受他人影响，那你很难作成任何事。所有成功的人，他们有一个共同点：就是能果断地作出决策！

只有集中精力做好眼前的事，才能取得成功！既然选择了技校，就不要把时间浪费在犹豫和徘徊中，静下心来，珍惜时间，用心学好知识，把握现在，这样才能创造自己想要的未来！

没上大学也能成功

　　在竞争日益紧张的今天，很多学生都希望自己能上大学，甚至把上大学看成自己成功的唯一标准。虽然越来越多的人开始接受多元化的成功观念，但还是很多人硬是用一个标准衡量学生，那就是学习成绩的好坏。可我们知道，许多成功人士，他们所受的教育并不是很多。

　　爱迪生一生只上过三个月的小学。在母亲的指导下，他阅读了大量的书籍。他虽未受过良好的学校教育，但凭个人奋斗和非凡才智获得了巨大成功。他自学成才，以坚韧不拔的毅力、极大的热情和精力从千万次的失败中站了起来，克服了数不清的困难，成为美国的发明家、企业家。

　　林肯，一生只进过不满一年的学校。他家境贫寒，母亲早亡，孤苦奋斗，厄运不断。两次经商两次失败，十一次竞选八次失败。为此也曾经心碎过、痛苦过、崩溃过。有好多次，都绝望至极，担心自己不会再爬起来。但他虽然心碎，但依然火热；虽然痛苦，但依然镇定；虽然崩溃，但依然自信。因此，1860年，在他51岁时，当选美国第十六任总统，一个令全世界都为之叹服的伟人。

　　《花花公子》的创始人休·海夫纳从小聪明顽皮，不喜欢学习，是一个功课较差的学生。但他最终创办了风靡全球、著名的《花花公子》杂志。谁能说他不是成功人士呢？

著名的收藏家马未都，从一介"草根收藏家"到新中国第一家私立博物馆的创建者，直至登上《百家讲坛》。与《百家讲坛》其他专家学者不同的是，马未都并无显赫学历。

马未都生于北京一座部队大院里。1966 年，马未都 11 岁时，"文革"开始了，只有小学四年级的马未都，学业戛然而止。马未都下过乡，插过队，回城后当了几年机床工人，业余时间写小说。1981 年，《中国青年报》用一个整版发表了他的小说《今夜月儿圆》后，仅仅两个月之后，马未都即从工厂车间跳到了《青年文学》编辑部当编辑。90 年代，他又与王朔、刘震云等一起，组建了海马影视工作室，创作出了《编辑部的故事》、《海马歌舞厅》等电视剧。

从 20 世纪 80 年代开始，马未都开始收藏中国古代器物。之后，他写了《马说陶瓷》、《明清笔筒》、《中国古代门窗》等文物鉴赏、研究的专著。1996 年，马未都创办中国第一家私人博物馆——观复古典艺术博物馆，任博物馆馆长。

马未都虽然在小学就离开学校，但他依然活跃在影视界、文学界和收藏界，并取得了辉煌的成就。马未都说没有上大学，让他少了很多的框架，不会受条条框框的影响以致过于执著于某些东西。

在很多人还把学历当做衡量成功的唯一标准时，爱迪生、林肯、休·海夫纳、马未都用他们的成功告诉我们：一个人的成功不仅仅依靠学历，更要依靠进入社会后的努力。只要选择一个正确的目标，以坚定的信念走下去，那么即使没有耀眼的学历和显赫的家庭背景，一样有成功的机会！关键还是靠自己不断地进取和奋斗，这和你当初的学历并没有必然的联系！

所以，我们看到不是每个成功的人都拥有高学历，我们也不要认为只有上大学才能有出息，我们要明白即使没上大学也一样可以成功！

 从技校学生成长为技师学院院长

在与出版社联系出本书时，出版社希望我能增加一些更有影响力和说服力的案例。这时，一个朋友提醒我说，韶关市第二技师学院（韶关市第二高级技工学校）现任校长谢志强先生，就是从技校毕业的。

但很遗憾，我虽然在韶关市从事技工教育 20 年，也认识不少技校的领导，且很早就知道谢志强先生此前在粤北技工学校任校长，但我和谢校长不熟悉，担心他是否愿意接受我的专访。

我拨通谢校长的电话，自报家门告诉他我正在写一本《打开你的心结——技校学生心灵成长导航》的书，希望把他的成长历程作为其中的一个故事。他问我写此书的目的是什么。我说，因为从事心理咨询 10 年了，看到许多技校学生很羡慕大学生，总为自己没能读大学而非常遗憾，我希望通过这本书，激励技校学生，让他们相信：即使没有读大学，也一样可以自信，也一样有机会成功。

谢校长闻听此言，认为这个主题非常好。他说自己一直没有离开过技校，对技校学生存在自卑的现象也很清楚，他说如果他的故事能增强技校学生的自信心，愿意接受我的采访。

于是，我按照预约的时间拜访了谢校长。我见到谢校长的第一感觉是，他比起我从网上查找到的照片，显得更年轻、更自信、更有活力。当我作了自我介绍后，谢校长当即愉快地和我谈了起来。谢校长告诉我，在这之前，经常有杂志社和报社提出要对他做专访，却都因他不喜张扬、为人低调的个性而一一谢绝了。此番因我写书的主题是为了启发技校学生，激发技校学生的自信心，让技校学生不再迷茫，同时也认为通过阅读技校学生的成功故事，以及感受他们的心路历程，这对技校学生很有教育意义，所以才爽快地答应了我的采访。

随即，谢志强校长开始向我娓娓道来。他说，1973年他高中毕业，那时还没有恢复高考制度。所以，他们没有机会参加高考，而是服从组织安排，上山下乡。当时，他被安排在广东省韶关市南郊的南乡大队，与农民同吃同住同劳动。

那时的他，没有更多的想法，只有一种不愿服输的精神与信念。他要求自己做什么都要做到最好，不要让农民小看自己。本着这样的一种信念，农民挑多重的担，他也挑多重；农民每天挣10个工分，他也要挣10个工分……正是因为这种不怕脏不怕累、吃苦耐劳的精神感动了农民，在两年后当南乡大队有推荐到技校学习的机会时，农民全票通过推荐他到广东省韶关市第二技工学校学习铸造专业。谢校长说，这是他人生的第一个转折点。技校毕业后，他留校任教，做了一名生产实习指导教师。

为了提高自己的教学水平，1989年，他通过参加成人高考，成为暨南大学经济管理专业函授大专的学生；1996年，又参加了广东省委党校经济管理专业本科的学习。在此期间，他一边工作一边利用业余时间学习，即使学习任务很繁重，也从没有因为学习而耽误工作。他对待工作同样是非常认真、任劳任怨、一丝不苟。这种不断进取、高度负责任的工作态度，给他带来了意想不到的收获：1985年，他被任命为韶关市第二技工学校烹饪大楼经理、培训中心主任；1992年，又上调至韶关市职业培训中心任副主任；1993年，组织上再次将他调至韶关市粤北技工学校，任办公室主任、团委书记；1994年，他担任粤北技工学校副校长；2003年，他被任命为粤北技工学校校长兼党支部书记（2004年为党总支书记）；2009年4月，调至韶关市第二高级技工学校任常务副校长，同年7月被任命为韶关市第二高级技工学校校长，也是韶关市第二技师学院院长。由于韶关市职工大学与该校合并，因而也同时兼任韶关市职工大学的校长；2010年5月，兼任韶关市第二技师学院党委书记。

谢校长介绍，除了高中毕业下乡的那两年，他一直从事技工教育，从未离开过技工教育。他说，在技校工作30多年，深知很多技校学生对读技校的不满足和无奈，他们在选择读技校时所表现出的迷茫。担任技校校长这么多年，也亲眼见到很多技校学生总为没有机会读大学而自卑，认为技校学生起点低、基础差而羡慕大学生。针对这些现象，谢校长认为，技校学习并不是人生学习的一个终点站，技校学生没必要因自己的学历低而感到遗憾，大可不必为此而纠结。因为现代社会提供了多种进修的机会和渠道，只要有积极进取的决心，就可以获得自己想要的学历。

说到这里，谢校长也希望通过更多技校学生成功的案例鼓励技校学生，让他们相信：读技校同样是人生发展的一条好的成才之道，并非只有读大学才是唯一的成才之路。

谢校长说，个人的基础有时不完全由个人决定，就如我们的出身一样，在谁的娘胎里也不是自己可以控制的，但人生今后的打造和发展是完全可以自己掌控的。就好比他自己，当年高中毕业时，仍未恢复高考，连报考大学的机会都没有，无法进大学校门。即便如此，如果技校学生能认准自己的发展目标，并能坚定地朝着这个目标奋斗，而不要过于在乎最后的结果，在工作中坚持不断地提升自己的基础，提高自己的起点，那么，哪怕没有读过大学，也一样有机会成功。但要谨记，在追求成功的过程中，具有一种坚韧不拔、不断努力的精神是必不可少的。所以，"坚持和努力"是成就事业最重要的因素，而人生的起点或是基础并不决定你的未来。

谢志强校长认为，作为技校学生，当你参加工作后，应该将工作作为一项事业来经营，那么就有可能获得高回报。如果你把工作仅仅视为养家糊口的手段，而不是全身心地投入进去，就必然会影响自己的事业乃至人生的发展前途，事业也就无法得到好的发展。也正因此，许多人才会对于读技校产生了很多无奈，甚至一些人因此而变得颓废，偏离了成功的人生轨迹。所以，技校学生一定要学会把工作当做事业去追求，而不仅仅是应付工作，敷衍了事，否则，就难以取得成功，获得好的人生发展。

谢校长正是将工作当做一项事业去不断追求，才获得了今天的成功。在他当年高中毕业时，尽管没有机会报考大学，也无从选择，只有服从组织安排上山下乡。但对于下乡，他没有从心理上抗拒，而是从内心深处到实际行动上都完全服从组织的安排。所以，他自然而然地所表现出来的就是一种积极肯干、任劳任怨的心态，要求自己做得像农民一样好，向最好的农民学习。也因此，他成为大队中表现最优秀的青年，他的人生轨迹也凭借着自身的不懈努力而出现了第一次重大转折，跃上了人生新的起点——到韶关市第二技工学校学习。工作后，他依然是持这种心态。无论做什么，都要尽最大的努力，作最大的付出，想尽办法把工作做好，而绝没有任何抱怨和畏难情绪。

在他从事技工教育工作的几十年里，无论是筹建韶关市第二高级技工学校的培训中心、烹饪大楼，还是筹建韶关市培训中心、粤北技工学校，都是从零开始，在这个从无到有的艰辛的创建过程中，尽管困难重重，他都尽量做到完美无缺。在筹建韶关市第二技工学校培训中心和烹饪大楼时，遇到不会的问题，他主动查找资料；遇到难以解决的问题，就虚心请教。就是凭着这种要做就做得最好的信念和决心，他在一幢空白的大楼里筹建了可同时容纳200名顾客就座、200名学员同时接受培训的，在当时极具规模的烹饪大楼和培训中心。在筹建韶关市培训中心时，也是从仅有一栋旧大楼、一块牌子建成了如今颇具规模和影响力的培训中心。尤其是2004年在筹划两校合并时，韶关市贸易中专和粤北技校总共只有8台旧机床、30多台旧电脑、2

栋教学楼和1栋学生宿舍，就是在这样一个极其简陋，没有足够的教学设备、生源和师资的情况下，建成了如今已初具规模的粤北技工学校。谢校长说，即便是现在想起当初筹建粤北技工学校的艰辛，还是很有感触。他说，那如同创建一所新的学校一样，一切得从零开始。因此，只有全身心地投入，节约每一分钱、精打细算，才能将学校建成目前的规模。

谢校长还谈到，任何事都有其两面性。虽然过往的各种体验令他艰辛无比，疲惫不堪，但也正是这些艰苦的经历，磨炼和激励了自己，让自己得以克服一个又一个困难。在谢校长眼里，当初在农村的那些艰苦岁月，都能坚持下去，现在的这些艰苦根本不算什么。谢校长认为，他正是因为有了在农村锻炼的那段经历，并能很好地把握住它，从而磨炼了自己，培养了自己不畏艰辛、不怕困难的精神和品质。如果当初心存怕苦、怕失败、怕影响个人前途的想法，那么就会退缩，就会害怕，就不可能获得成功。

【分析】

回忆自己的人生经历，谢志强校长认为，技校学生如果希望取得成功，付出的肯定要比一般人多得多。技校学生不要过于纠结于自己的学历比别人低，基础比别人差的遗憾。人的起点和基础，固然与一个人的成功有关系，但这并不意味着成功仅仅取决于一个人的起点和基础。一个人要取得成功，最终靠的是一个人能坚持正确的目标，并在朝着目标奋斗的过程中，学会享受拼搏的过程，而不要过于在乎最后的结果。一个人，如果在自己熟悉并热爱的岗位上，坚持做10年、20年，那么成功的机会就会很大。所以，对于技校学生来说，善于坚持一个正确的人生目标才是最重要的！

谢校长认为，技校学生在发展的过程中，还要做到一点，就是不要自卑。他说，自己从一个技校学生发展过来，从不自卑，也不认为需要隐瞒自己的低起点，而是把从技校学生能够走到今天视为一种荣耀。所以，一个人起点低并不可怕，可怕的是没有一个执著的信念。人需要有一种精神，就是要让别人信服自己的能力。所以，谢校长说，作为一个技校学生在学校工作时，他从没有低人一等的感觉，也从没和大学生比。而是认为在工作中，应该付出更多的努力，要做得更好。

谢校长还认为，一个人的学历、基础并不是最重要的，但一个人的思想基础，一个人想要成功的决心，一个人的自信心对人生的发展起着至关重要的作用。所以，人生的比拼并不是比起点、比基础，而是要比自信心、比奋斗精神、比坚定的信念！所以，尽管技校学生的起点稍低，但只要技校学生愿意付出更多的努力，那么，一样可以通过各种途径获得成功！比如，通过参与技能大赛、通过继续教育提升自己的学历，都可以获得想要的成功。

谢志强校长告诉我，德国有个教授说过，多办几所技校，就可以少办几所监狱。因此，读技校可以让起点低的学生看到未来，这就是对家庭和社会最大的贡献。因此，希望起点低的技校学生，能找到自己的职业兴趣，从自己的成功中获得自信。谢校长说，技校学生成功的案例很多。有的通过技能发展的途径获得成功，如许多技能大赛的获奖选手，最后成为"全国五一劳动奖章"获得者，获得了"全国技术能手"等光荣称号；有的通过管理发展的途径获得成功，如很多公司的经理、老板等；还有的在事业单位从事管理工作获得成功，如许多成为技校等事业单位的中层领导或校级领导，等等。所以，技校学生要相信：只要你寻找到适合自己的发展目标，朝着既定的目标坚持走下去，那么就一定会获得成功。

在与谢校长交谈的过程中，我强烈地感受到他的真诚、坦率和对事业执著的追求。他第一次毫无保留地道出自己的人生经历，就是因为他作为一名技工院校的校长，对技校学生充满了感情和关爱。他迫切地希望能通过技校学生成功的人生激励现在的技校学生。这其中所流露出的无疑是谢校长对技校学生强烈的责任感、使命感和爱心。

我之所以写谢志强校长的故事，是因为我了解到很多技校学生毕业后，因为取得了各种技能大赛的优异成绩而留校任教；还有一些技校学生毕业后，为了提高自己的学历，继续到大学或技师学院进修，他们在大学毕业后再次回到技校，成为技校老师。

这些技校学生在校学习时，非常认真、刻苦，不少还担任了班长或学生会主席等职。在他们工作几年后，通过努力，很多成为技校的中层领导，如广东省工业高级技工学校总务科科长钟锦明，团委书记陈农娣；还有些甚至成为副校长、校长，如韶关市第二技师学院梁永深副校长，广东省工业高级技工学校苏明安副校长。而谢志强校长，则在担任粤北技工学校校长后，再度晋升为韶关市第二技师学院的校长。

如果去了解技校老师的经历，不难发现不少技校老师是技校毕业的。而谢志强校长的成功之路，也再次向我们证明：技校学生只要不放弃自己的人生目标，就同样可以成功，而且还能成为行业的状元！（本文的图片来源为韶关市第二技师学院，文章为谢志强校长口述，曾丽华整理。）

心灵成长故事与分析二十五

技能大赛获奖的男生

2008 年高考徐术生考上了大专。对于这样的成绩，徐术生很满意。他说："对于打了两年篮球、读了一年书的我来说真的不错了。"

"在所处的阶段，分析所处的情况，作出正确的决定！这就是我对自己的要求。所以那时我坚决地选择了技校。"徐术生谈到他为什么选择技校时，这样对我说："为了证明我高考后的决定没有错，我相信做任何事情都需要一个契机，需要一个支点，突出的技能就将是我未来美好生活的契机，所以我很努力地学习。"

在技校，徐术生比一般的学生付出得更多，也更努力。他不仅上课认真学习专业知识，课后还主动自学，充分利用有限的学习时间充实着自己。付出总有回报，因此，徐术生的成绩一直是班级第一名。

徐术生不仅在学习上严格要求自己，同时他还利用寒暑假时间勤工俭学。在技校学习时，他很少向父母要钱，都是用自己打工挣的钱读书。

认识徐术生的老师和教练夸他学习用功，善于独立思考，上进心强，对自己要求很高。做每一项工作他都要求自己做得最好。因此，除了担任班长，徐术生还担任学校文学社副社长，校报及班报的主编。

2009 年 9 月，经过实操、理论两轮筛选，徐术生被学校选拔为参加广东省数控技能大赛的选手，并担任竞赛集训班的班长。在竞赛备战的日子里，徐术生要求自己比同学早起半小时，晚上多学一小时，因此，编程室最早开门的永远都是他，最后离开教室的也是他。徐术生说："我的努力不是给别人看的。我非常珍惜这样的机会，因为我知道，对于技术工人来讲，竞赛的名次最能证明自身价值，所以，我必须加倍地努力才能证明自己！"

功夫不负有心人，2010 年 6 月徐术生参加数控技能大赛，他如愿以偿地获得韶关市数控技能大赛高级工数控铣第一名；2010 年 9 月代表韶关市参加技能大赛决赛，获得广东省数控技能大赛高级工数控铣学生组第十名。

徐术生认为在技校的学习增加了他的自信，尤其是技能大赛集训班的学习，培养了他多方面的能力。虽然训练非常辛苦，但集训班严格的管理、良好的行为习惯的形成、团队合作意识的培养，都是自己人生收获最大的财富。

技校毕业后，因为获得技能竞赛的荣誉证书，他被多家公司聘用，但为了继续提高自己的技能，他主动申请留校。2010 年 11 月，他看到网上知名的"三一重工"招聘技术工人。在几千名应聘者中，他脱颖而出，成为破格录取的一个人。因为公司原来只打算招聘一人，最后，为了录取徐术生，公司又增加了一个名额。

2011 年 9 月 23 日，徐术生在三一集团技能比武中，获得集团数控铣工第七名，2011 年 11 月 28 日在三一集团起重机技能比武中，再次获得数控铣工第一名、数控镗工第三名的好成绩，也因此，徐术生受到了集团的重用，将被选派到珠海工作。

谈到在技校的学习和收获，徐术生说，他要感谢技校的老师给了他很大的帮助和指导，不仅学校的老师在专业和技术上给他指导，学校的领导也为比赛提供了很多的有利条件。徐术生说："现代社会不再是个人英雄主义时代，对于组织而言需要个人为其作出贡献，对于个人而言则需要依靠组织来实现自己的人生价值！我的成功需要感谢母校的栽培！"

【分析】

徐术生的故事很简单，他通过技能竞赛获奖，最终找到了一个满意的单位，但徐术生的故事又不简单。当初在"三一重工"招聘时，有几千人，很多大学生都参加了招聘活动，可公司最终为了录用徐术生增加了一个招聘名额。这一切就是因为徐术生的技能水平超越了其他应聘者。所以，在技校如果你能用心学一门技能，你也会因为技能成就不同的人生！

之所以写下徐术生的故事，是因为他坚定了自己的选择和理想，从而义无反顾地朝着认定的目标前行，他的勤奋和拼搏最终给了他满意的回报；徐术生的故事也可以激励更多的技校学生，让我们对未来充满希望。

考上大学后毅然选择读技校的徐术生认为："如果上不了一流大学，还不如在技校学习技能，在技术领域干出点成绩。"所以，他选择了读技校。为了证明自己，徐术生在技校没有荒废学业，而是以专业第一名的成绩毕业。

参加工作后，他依然不改初衷，仍在技能上不断提高自己，所以才有了2011 年在三一集团技能比武中获得数控铣工第一名的好成绩，也因此受到公司领导的重用。

徐术生很普通，他的父母是普通的生意人，家里没有特殊的背景；可徐

术生又很不普通，因为他取得了一般技校学生难以达到的成就。徐术生的成功再次告诉我们：技校学生一样可以成为优秀的人才！技校学生也可以实现自己人生的梦想！

"三百六十行，行行出状元。"只要我们有着坚定的信念，朝着选择的目标不断努力，技校生一样可以实现自己当状元的理想！

为了感谢对广东省工业高级技校学校的培养，徐术生利用业余时间自己设计和制造了一个产品。在该产品的六个面，徐术生刻了不同的内容，如笑脸、学校名称、教练和老师的姓、参赛选手的姓、班级的同学等等。

徐术生用数铣床加工出来的产品

学历不等于能力

"老师，我觉得很不公平。为什么我大学毕业，每月工资也就一千多元，可很多没有读书的人，他们做销售、卖产品，一个月常常拿四五千元。那读书又有什么用？读了书还不如没有读书的。我觉得自己读了那么多书，一点都没用。"这是一个大学毕业生给我打来的电话。

我告诉他，学历不等于能力。做销售的，需要多方面的能力，如与人沟通的能力，人际相处的能力等等。我说："你看到别人做销售很容易，如果愿意你也可以做做看，做销售需要多方面的能力。学历不等于能力。至于收入的差别，很难一概而论。一些人虽然学历不高，但他们有社会实践经验，综合能力较强。你刚工作，对社会缺乏认识，单纯地以为只要多读书就应该比别人收入高，这是不正确的认识。"

这个学生在校读书时经常和我说，他一定要好好读书。他说他哥哥在社会上工作很多年，因为书读得少，收入和工作都不如大学生。所以，他认为只要多读书就一定能多挣钱。可现实是，一个人收入的多少和学历不一定成正比。高学历并不代表高收入，高学历也不等于高的能力。学历只是一个人受教育程度和学习能力的体现。虽然人们主观上认为学历越高能力越强，但事实上学历不完全等同于能力。学历只不过说明一个人学习的经历，而一个人要想取得成功，个人的综合能力比学历重要得多。

尤其是刚参加工作的大学生，仅仅只有学历，其他如人际相处、沟通、协调、合作等能力都不够。所以，作为刚毕业的学生，要客观地看待自己，不要盲目地认为自己读了大学就应该比别人收入高。如我的一个亲戚技校毕业后在深圳工作10多年，现在月收入3万元，而我研究生毕业，现在月收入仅几千元，他纳税的钱比我的工资还高，所以，不能绝对地认为学历高收入就应该高。

一个朋友告诉我，他大学毕业后做老师，过去家人一直以他为骄傲，因为他是家中唯一的大学生，而他的弟弟技校毕业。过去他总认为自己比弟弟有出息。但2012年的春节，他回家过年后很感慨。他说，他弟弟这次回家买了一部60多万元的新车自己开，过去那部10多万元的车给弟媳妇开。弟弟还在家乡建起了六层楼的别墅。可自己当老师这么多年，现在每月收入也就几千元，弟弟现在的年收入100多万元。他很感慨地告诉我："我弟弟技校毕业后，做过很多工作，结交了很多朋友。现在他和几个朋友一起做房地产，他只是其中一个小股东，可他现在的收入比我高很多。"朋友说，他过去总认为自己读了大学比弟弟强多了，但现在不这么认为。他对我说："现在这个社会发展的机遇很多，学历高并不是很有优势，而一个人能力强，善于人际交往，懂得把握机遇比学历更重要。"

长春大学毕业生25岁的李宗熙因为厂长白守川对他说"你有什么本事？你一个大学生还不是一个普通生产工。我虽然没上大学，还不是年薪几十万！全公司除了老板我不能炒，别人我谁都可以炒"。就因为这句话，李宗熙认为受到了厂长的言语侮辱，产生了报复他的想法，于是准备了水果刀、铁水管、砖块等工具，在白某和几名同事下班时，李某冲出来就猛地朝白某扔砖块，然后手持铁水管朝白某打去。最终李某从裤袋内掏出水果刀朝白某刺去，将年仅38岁的厂长杀死。

这就是不能客观地看待自己。厂长只是实话实说，可李宗熙就接受不了。尽管他曾经学业优秀，但却无法承受一点挫折，耐挫折能力太差了。一点小小的语言刺激都受不了，这样的人怎么能说是有能力的人？

日本松下公司招聘一批推销人员，录取的名额只有10人，但由于计算机计算出错，导致综合成绩第二名的神田三郎没有被录取。当松下幸之助立即吩咐纠正错误，给神田三郎补发录取通知送给他时，发现他已经自杀身亡了。当助手自言自语地说："可惜了，这么有才的一个青年，我们没有录取他。"松下幸之助不以为然地摇摇头说："幸亏我们公司没有录取他。意志如此不坚强的人是干不成大事的。由这件事也可以看出，我们招工的试题是出得不合理的。"（本段内容摘自《做人做事做推销》的第17页，商谋子编著，内蒙古：海浪出版社，2009.5）

我们看到一些研究生甚至是博士，常常因为工作或研究等问题，最终自杀身亡或是杀人。这些人的学历很高，但他们的耐挫折能力很差。所以，这样的人，尽管学历高，但心理素质不好、综合能力不强。因此，我们说学历并不等于能力，而且即使高学历，也不意味着就能拥有高收入。当然我在这里还要说明，尽管学历并不等同于能力，但这也不否认学历教育的重要作用，因为学历和能力之间有着一定的关联。两者之间互相依存、互相影响。

所以，作为技校学生，即使我们的学历不高，但如果我们能提高自己的综合能力，那么我们一样可以成功！参加工作后，我们还应该继续学习，既需要提高自己的能力，也应尽可能创造机会提升自己的学历，这样我们才更有机会实现自己的人生追求。

技能成就人生

　　王思明——佛山市高级技校教师，2010 年第四届全国数控技能大赛数控车工职工组冠军；冯迎超——第四届全国数控技能大赛教师组加工中心四轴冠军；徐锐——武汉市第一技术学校教师，2010 年第四届全国数控技能大赛教师组数控铣工冠军；方文墨——2010 年第六届全国青年职业技能大赛机修钳工组冠军，26 岁拥有 3 项专利全国最年轻的高级技师：他们都是技校毕业，因为学习技能改变了他们的命运，也成就了他们精彩的人生！

上大学→拿学位
PK
读技校→学技能

　　王思明、冯迎超、徐锐这些技校毕业生，因为有了优异的比赛成绩，最终他们通过层层选拔和考核，成为一名技校老师。目前，我国越来越重视提高教师的待遇。作为工作稳定、收入也不错的教师职业，已成为很多大学生都渴望进入的行业，因而老师的考核和选拔在各地都非常严格，而这些技校生，正因为有了技能竞赛的优异成绩，这不仅给他们带来了荣誉，也为他们寻找到了一份令人羡慕的工作！而方文墨，现为中航工业沈飞民品公司军机机加厂的一名钳工，全国最年轻的高级技师，成为人们学习和仰慕的对象。

　　这些参赛选手的成功，再一次向我们证明：技能型人才也是社会急需的人才！我们不仅因为这些参赛选手刻苦钻研专业知识获得冠军而感动，更重

任何成功都需要付出努力和拼搏，就如这些技能竞赛冠军在总结自己的成功经验时谈到"不经历风雨，怎么见彩虹，没有人能随随便便成功。"他们认为"书山有路勤为径，学海无涯苦作舟"。这也再一次提醒技校生，要珍惜在技校的学习机会，不要以为技校生没有前途，而浪费了在校学习的时间和精力！

在我国，近几年，经常组织各类技能竞赛，通过竞赛一方面选拔人才，另一方面也激励技校生，通过努力我们同样可以获得成功！虽然参加竞赛需要经历层层选拔，但每一次参赛的经历，对技校生都是一个提升。就如第四届教师组加工中心四轴冠军、全国技术能手冯迎超说的："我在数控大赛中得到了巨大的锻炼和自我提升，是数控大赛把我从一名普通的技校学生培养成了一名合格的数控技术人员。"

在技校学生中有很大一部分来自农村，他们向往城市生活，不想像父辈一样过着面朝黄土背朝天的生活。他们希望通过技校的学习，改变自己的生活和命运。这些技能竞赛的冠军有的也来自农村，但他们通过努力，最终成为大城市的一名教师。如果我们也希望通过学习技能改变命运，那我们就应该像他们一样，从入学时就有坚定的信念，认真学习，那么我们就有机会改变自己的命运！

"一分耕耘，一分收获"，这些优秀的技校生，在比赛的机会来临时，他们深信"机不可失，失不再来"，所以，他们能够把握好每次可以促使自己进步的机会，那么，作为技校生，我们能否像他们一样，在技校刻苦学习技能，把握自己人生成长的机会呢？

我们都知道"知识改变命运"，这个知识不仅仅指上大学学习理论知识，也包括读技校学习技能。通过学习技能，掌握一门技术，我们一样也可以改变自己的命运。多数技校学生毕业后，虽然没有机会参加比赛，更没有获得过冠军的成绩，但他们也一样通过学习技能可以改变自己的命运。

为了写这本书，我接触了很多技校毕业生。虽然他们没有直接考上大学，但只要他们愿意付出努力，有执著的目标，通常在工作10年后，职业发展都比较好。他们有的成为技校的老师，后来成为学校的中层领导或校领导，如韶关第二技师学院的谢志强校长等；有的自己创业或与人合伙办公司，成为公司的总经理或厂长，如清远市通业集团总经理蒋乐宾、深圳中鹏电子有限公司总经理陶应军、佛山市南海区第一中学机械设备厂厂长兰振坚、佛山索朗五金灯饰公司总经理张文填、佛山市张槎镇双益针织厂厂长陈焕立、佛山市星辉模具厂、佛亿波光纤器材公司总经理方锦才、佛山市辉鸿塑胶模具有限公司总经理杨文汉等；有的成为国有企业的领导，如韶关市钢铁集团服务公司副经理吴建辉、韶关钢铁集团公司原料厂车间主任李太寿、韶关钢铁集团动力厂生产科科长文坚等；有的在事业单位或政府机关担任了重要职务，如韶关市质量技术监督局副局长洪楚衡、珠海消防工程公司常务副总经理张曲洲等。这些技校学生，他们在事业上取得了成功，家庭经济也因此有了改善。工作后，他们经常往家里寄钱，帮助兄弟姐妹和父母改变贫困的现状。

一些农村的孩子，从小向往城市，希望能离开农村到城市生活。他们读技校毕业后，去大城市打拼，在城市买了房和车，过上了安居乐业的好日子，成为城市里的一员。因此，学习技能同样可以改变命运，读技校也有美好的未来！

可天上不会掉馅饼，如果想要获得成功，希望改变自己的命运，我们必须付出更多的努力！无论是参赛后获得冠军的选手，还是毕业后事业成功的技校学生，他们无论是在技校的学习过程中，还是在工作后，都能认真对待每一件事。在学校时，班主任反映他们非常勤奋，都能用心学习；工作后，他们虚心向同行请教，执著追求事业的发展。

因此，技校学生即使没有上大学，如果能认真学习技能，掌握一门技术，那么，一样可以通过技能改变自己的命运。但天上不会掉馅饼，技校学生希望收获一份事业的成功，希望通过学习技能改变自己的命运，那么，从现在开始，我们就要制订一份自己的职业规划，对自己的未来做一个设计，确定可以实行的具体措施，然后，一步步朝着正确的目标努力奋斗，那么，我们就可以通过学习技能改变我们的命运！

后记

2003 年我从事技校心理咨询工作以来，每天面对很多咨询的学生，不少技校学生来咨询是因为他们很无聊、很烦恼、很自卑。除了身体方面、经济方面的原因外，最主要的是他们有很多打不开的心结，特别是很多人认为读技校不如大学生，不接纳自己将来成为技术工人的事实，盲目地认为他们将来没本事、没出息、不能成功，正因如此，他们在学校找不到人生目标，没有学习的动力，每天浑浑噩噩地混日子，学习不用心，每天无聊透顶，生活非常空虚。

由于看到太多技校学生有很多心结、很自卑、很羡慕大学生，所以，我一直想写一本书，希望帮助他们打开心结，激励他们用心学习，帮助他们增强自信。一方面，我接触到很多优秀的技校毕业生，他们事业非常成功，人生也很辉煌；另一方面，随着人生阅历的增加以及从事心理咨询工作多年后，我越来越相信：一个人的成功不仅仅取决于学历，更取决于一个人的能力和自信心，而这个能力不仅仅只是学习能力，还包括其他多方面的能力，如一个人的情商，即耐挫折能力、抗打击能力、抗压能力、处理人际关系能力等等，学历绝不是决定一个人成功的唯一因素！

看到很多技校学生，在学校时非常茫然、困惑，他们没有学习动力，生活缺乏激情；他们没有人生目标和方向，误以为读技校就决定了成功与自己无缘，于是，我有一种强烈的使命感，希望通过一本书改变他们陈旧和错误的观念，也因此有了这本书——《打开你的心结——技校学生心灵成长导航》。我希望通过书中这些技校学生心灵成长的故事，告诉在读的技校生，读技校一样可以成功，学技能可以成就未来！书中介绍的这些技校学生，并不是我刻意挑选的，而是在我们身边实实在在可以看到的。

他们就是普通的技校学生，但他们用自己成长的故事告诉我们：只要我们在技校不荒废学业，只要我们不断努力，那么技校学生一样可以成就自己！读技校时，他们没有自暴自弃，依然学会做最好的自己；参加工作后，他们不断进取，在自己擅长和热爱的专业上发展，所以，他们创造了属于自己的未来！

因此，希望技校学生能调整自己的心态，改变不合理认知，以积极的态度投入到学习和生活中。在三年的技校学习生活中，我们应尽可能地改变自己。同时，要设计自己的人生，确定奋斗目标，那么我们就可以实现自己的人生梦想！

看看这些技校学生，再想想我们自己，和他们对比，我们还缺乏什么？我们应该向他们学习什么？我们是否能制订一个可行的计划，一步步改变自己？

我们常说，你认为你将会成为怎样的人，你就能成为怎样的人！因为没有人能打败你，只有你自己才能打败自己！

所以，每个技校学生，读了这本书后，花一点时间，认真想想，自己想成为一个怎样的人？将来要过一种怎样的生活？希望有一个怎样的未来？把自己的人生规划、职业理想写在一张纸上；然后，制订具体的行动计划，也就是确定具体的行动步骤去实现目标；最后，采取有效的行动朝着目标努

后记

力，那么，你就会实现自己的人生理想！

　　每个人都会面临做人才还是做庸才的选择。无论是做人才还是做庸才，都是你自己的选择。你作了怎样的决定，你就会得到怎样的命运。因此，是你选择了命运，而不是命运选择你。命运掌握在你的手中！做最好的自己，让我们从现在开始行动吧！如果每天只是光想不干，那么什么理想都不能实现。所以，让我们朝着选择的目标——争做高技能人才，从今天开始行动吧！